人物叢書

新装版

広瀬淡窓

ひろ　せ　たん　そう

井上義巳

吉川弘文館

広瀬淡窓肖像

淡窓筆跡　広建の署名（広瀬本家蔵）

目次

口絵

挿図

第一　豊後国日田と淡窓の出生

一　日田の近世期における地位

豊後国日田郡日田

九州全図をひろげると、その頸椎部に当たるところに小盆地がある。豊後国日田郡日田の盆地、現大分県日田市である。

筑後川、筑前・筑後の国境を西に流る

遠く九重山系および英彦山塊の水を集めた筑後川の上流の玖珠川に、大山川、花月川をはじめとする幾つかの支流がこの盆地附近で合流して筑後川の激流となって西南方向に流出している。筑後川は筑前と筑後の境界を区切りつつ、筑後平野を進み有明海に注いでいる。

日田は一見山間の僻地であるが、近世期には九州北半部の政治権力の中心地であって、北は小倉方面、南は熊本に、東は中津、大分方面、西は福岡、唐津、佐賀、さらに久留米、柳河そして遠く長崎との交通が頻繁であった。街道、舟運、さらに瀬戸内海、有明

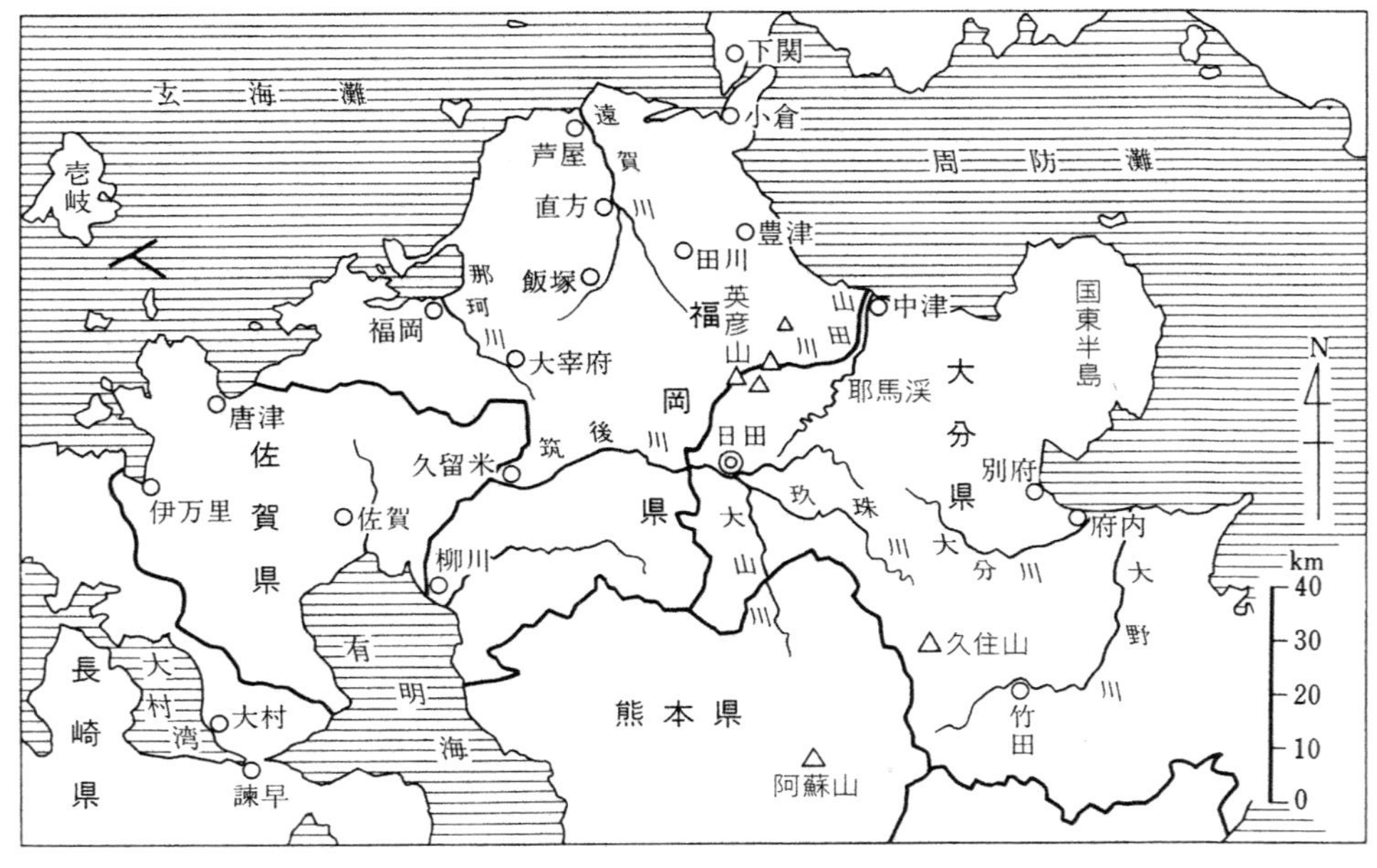
玄海灘
壱岐
周防灘
下関
小倉
遠賀川
芦屋
直方
豊津
田川
飯塚
那珂川
福岡
大宰府
英彦山
山田川
中津
国東半島
福岡県
耶馬渓
大分県
唐津
佐賀県
筑後川
日田
久留米
別府
伊万里
佐賀
玖珠川
大分川
府内
柳川
大山川
大野川
km
40
30
20
10
0
久住山
長崎県
大村湾
大村
有明海
熊本県
竹田
諫早
阿蘇山
日田位置図

海、玄海灘の海運が時代が下るにしたがって開発され発達して、日田は九州北部の交通の要衝となった。これは豊後、豊前のみならず九州各地に置かれた幕府直轄領（天領）を統轄支配する日田代官の役所の永山（ながやま）布政所が寛永十六年（一六三九）この日田に置かれ、しかも日田代官の職責任務は年とともに重くなり、ついに明和四年（一七六七）西国筋郡代に昇格し、以降代々日田代官は西国郡代となり、平均約十五万石前後の天領地を支配したのである。かくて日田は近世後半期は九州の要衝として、九州各地からの交通は頻繁であった。

代官府の名称、日田代官府、西国筋郡代府、官府永山布政所

二　淡窓の出生

広瀬淡窓は天明二年（一七八二）四月十一日、日田の豆田町御幸通魚町の広瀬家に、第五世三郎右衛門の長男として生れた。

広瀬家第五世三郎右衛門の長子として出生

淡窓は通称を幼時は寅之助、一時玄簡、長じて求馬（もとめ）といい、名は初め簡、後に建、字（あざな）は初め廉卿、後に子基と改めた。淡窓はその号で、幼時は亀林、後に青渓、苓陽、遠思楼主人等の号も用いた。その死後門人が諡（おくりな）して文玄先生といった。淡窓の号は最も有名

淡窓は号

文玄先生

であるがその出典について必ずしも明らかでない。漢学者安岡正篤は、淡窓の愛読した『老子』に「淡乎其無味」とあり、漢末の楊雄はこれを受けて「大味必淡」といっており、また『荘子』には「君子之交淡如ㇾ水」とあり、『中庸』には「君子之道淡而不ㇾ厭」とあり、また『礼記』の表記篇に「君子淡以成」とあり、これ等がその語源であろう。また窓は古来、堂、軒、斎、庵等と同様に用いられるもので、その人の好みによる。また強いていえば窓は聡に通じ、内に於て外を窺う、聡明を意味するとし、淡窓の人柄を最もよくあらわした号と考えられるとしている（『教聖広瀬淡窓と広瀬八賢』昭和四十年、同顕彰会）。淡窓ははじめ書斎の名称にしたようであるが、間もなく自分の号として使用している。

三　広　瀬　家

『広瀬家譜』

天保五年（一八三四）、広瀬淡窓が弟の久兵衛、三右衛門、謙吉とともに編した『広瀬家譜』（上・下二巻、『淡窓全集』下）が、現広瀬家に遺されているが、それによると広瀬家の祖先は甲斐国の武田信玄家臣、広瀬郷左衛門の弟将監正直であろうと記されている。

日田居住は将監正直の孫の五左衛門貞昌が延宝元年（一六七三）、筑前博多から転住し、居を豆田魚町に構えたときに始まる。この五左衛門貞昌を以て日田広瀬家の初代として、現在まで三百余年を経ている。

屋号博多屋

前掲の『広瀬家譜』によると、初代の五左衛門が日田に居を構えたのは十八歳の時であったこと、晩年魚町の家を長男源兵衛に譲り、用松（もちまつ）村に移って村の庄屋となったことの外は、その生涯に十八回も江戸に往復したことで、何か商売をしたことが推測される。屋号を初め堺屋、後に博多屋と称し、これは後代にずっと継承されており、日田の十人年寄の一人に挙げられたこともあり、『家譜』は「器量ありて上下の撰に応じ玉ひしよしに聞えたり」と記している。寛保二年（一七四二）、八十七歳で没している。そしてその墓所の中城村の大超寺は広瀬家累代の墓所となっている。

二世の源兵衛は魚町で「農作を営み、蠟油を製し、諸産物を上方に登するの類」（『広瀬家譜』）の家業に従事し、代官所にも出入していた。明和三年（一七六六）八十八歳で没した。日田広瀬家の家業がはっきりしてくるのは次の三世久兵衛の時と考えてよい。三世は幼少の頃から母方の伯父の家で商業を見習い、二十六歳の時家に帰って家業を継ぎ、商用で大坂に往復すること三十回に及んだという。当時の代官は岡田庄太夫で代官所への出入

三世久兵衛

「心高身低」
広瀬家俳風
四世平八月化

淡窓筆「春秋園」(秋風庵蔵,『咸宜園写真帖』より)

も許可された。久兵衛は貨殖の才に長け、蓄財ができると少しずつ田畑、山林、家屋を買って家産を殖していった。ただ人を陥れて財を獲取するということのなかった人で、徳望があったという。

揖斐十太夫が代官になった時、久兵衛の息月化と親交を持ったが、代官は月化を通して父久兵衛の徳行を賞讃することがあったという。広瀬家が永く家訓として、今も伝えているものに「心高身低」の四字があるが、これは三世久兵衛の教訓「人は心は高く、身は卑くすべし」といっていたことから来ているといわれる。久兵衛は俳諧を能くして、俳号を桃之と称した。広瀬家俳風の始祖といえるであろう。

第四世平八は名は貞高、月化は俳号、秋風庵とも称したが、秋風庵は家業を弟三郎右衛門に譲って、専ら俳諧三昧の生活を楽しむことになった時、堀田村に建

春秋園

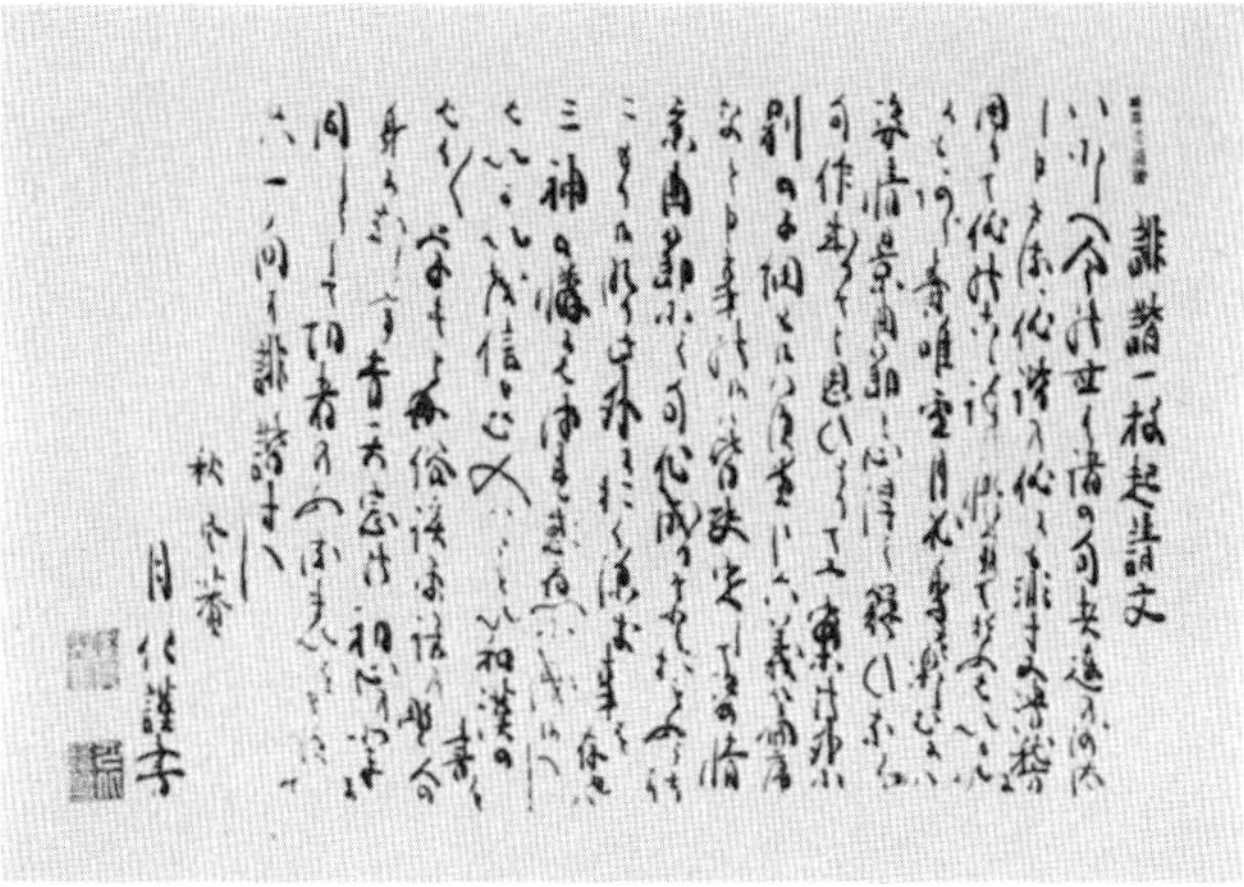

秋風庵月化の誹諧一枚起請文（広瀬本家蔵）

てた庵の名称である。秋風庵とは蕉門の雪中庵蓼太から庵開きの祝いに贈られた芭蕉翁の自画賛「あかあかと日はつれなくも秋の風」の一軸に因んで名づけたものである。

月化が弟三郎右衛門に家督を譲ったのは三十五歳の若さであった。これ以後の月化の俳名はますます高く、秋風庵を訪れる者が跡を絶たなかった。

月化の没後秋風庵は弟の三郎右衛門に伝えられ、三郎右衛門は長春庵と改称した。三郎右衛門も俳諧をたしなみ、号を桃秋と称した。桃秋の没後は淡窓がここに居住し、秋風庵と長春庵の称を併せてこれを春秋園と呼んだ。当時の藁屋根の建物は、そのまま現在淡窓図書館の隣に保存され、咸宜園

秋風庵現況，下段はその内部

（『咸宜園写真帖』より）

の遺構の一部として大切にされている。

四　秋風庵月化

『秋風庵月化発句集』『秋風庵文集』

月化は広く文学を愛好し、俳書歌書はもとより、漢籍、史談、小説に至るまで鋭意読破したといわれる。彼の俳句の背景は大きく広かった。

『秋風庵月化発句集』（上・下二冊）、『秋風庵文集』（乾・坤二冊）が刊本として世に公になっ

月化肖像

『春雪集』

『秋風庵月化集』

『月化翁小伝』

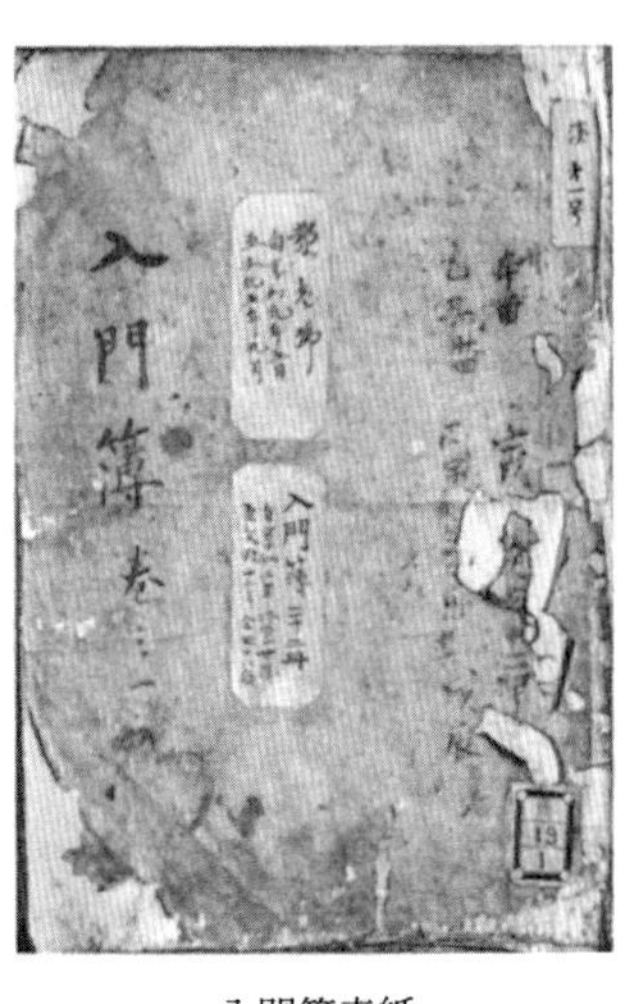

入門簿表紙

（広瀬本家蔵）

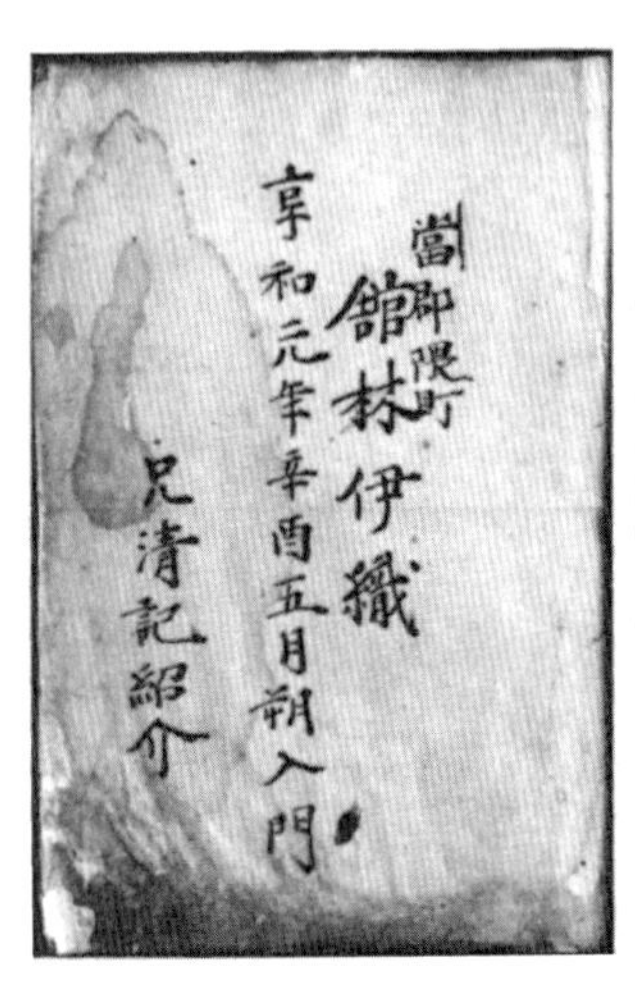

入門簿第一号　館林伊織

（広瀬本家蔵）

ている。前者は寛政八年（一七九六）、後者は文政五年月化病中に出板の計画があり、延び延びになったのを桃秋が天保十一年九月、秋風庵蔵版で出板したものである。没前数日の「桜かと見らるるまでぞ春の雪」の一句を基として、愛弟子金谷弗水が追善集『春雪集』『続春雪集』を刊行したが、さらに大正十五年（一九二六）に至って九世貞治によって『秋風庵月化集』一巻が世に公にされた。

淡窓達兄弟四人の筆になる『月化翁小伝』があるが、その中で、彼等は月化翁のことを「性質端正にして清潔を好玉ひ幼より老まで一言の妄語」なしと述べているが、月化が如何に真面目で、おだやかな、極端に走ることのなかった人物であったかを端的に物語っている。淡窓に人格的影響、及び物を学ぶことの道を教えたのがこの月化であった。

田村専一郎「秋風庵月化」

田村専一郎氏はその論文「秋風庵月化」（藤村博士功績記念会編『近世文化の研究』収録）の中で、月化の俳風を述べ「もともと俳諧は月化にとっては彼の所謂『つれづれのかたらひ人』であったらしく、それが閑居の閑なると共に彼の生活の多くの部分を占めるに至ったと見るべきであろう。従って彼には芭蕉のように造化を友として俳道に殉ぜんとする熱意はなかった。又当時の多くの業俳の徒の如く権謀術数を弄して名を成し勢を張らんとする野心もなかった（中略）月化の態度は謂わば遊俳的業俳である。否むしろ業俳的遊俳といった方が一層適切であろう。これらの諸々の事情はいろいろの形をもって彼の句の上に現われて来ている」と評している。蓋し月化の俳風の核心を貫いた評といえるであろう。

月に五斗米の収入

また、田村氏は同じ論文の中で、秋風庵月化の経済的基礎に言及されており興味ぶかい。すなわち、「秋風庵と宗家との経済的関係は知らないが、『物くるる友とち打かたらいて此庵の月花の料にはいくはくの田をかよせましと沙汰し終に三たんはかりをそ寄せ』てくれたので月化は月毎に五斗米のあるじとなっている。元来彼は淡々や蓼太の如き豪奢な生活は好まなかったらしい。文集所々にうかがわれるようにつつましく暮していたようである」。

淡窓の幼時

以上われわれは多少詳しく月化の世界に立入ったようである。これは、淡窓の幼時（二歳—六歳）の最も大切な人間形成の時期に月化が淡窓をその父母の許から引きとって、秋風庵で養育したことに留意する故であり、以上の如き月化の生活そのもの、性格そのものが、淡窓の人生の教訓となったのである。

月化の二人の娘

淡窓の門人第一号麻生伊織

しかも月化には二人の娘があり、長女を隈町の相良文之進に、次女は浜田屋後藤忠三郎に嫁がせたが、文之進が早く亡くなって寡婦になった長女イサと、その長男清記、次男伊織、長女リョウをやがて月化が引きとって秋風庵の中で共同生活したのである。伊織は後で咸宜園の入門簿中の第一号の人、すなわち門弟第一号になった人物である。月化と伊織と淡窓の連帯がこの時期からある運命の糸に結び合わされるように成立しているのである。

用達

さて、この月化は広瀬家の家業を日田代官所との関係の中に確定した人物であった。すなわち、年十八歳で代官揖斐十太夫の近侍となって寵遇を受けつつ家業を進め、代官の命ずるところに従って、竹田、杵築、府内、蓮池、対馬各藩の「用達」となった。用達とは代官所の命によって、日田の信用ある商家が代官所と各藩（数藩を兼ねることが多かった）との間に公用事務を取扱うものを称する。各藩から世話料として扶持米が給された。広瀬家は二世源兵衛の代から御用商人として代官所への出入が許されていたが正式に「用達」となったのは、この月化の代からであった。

「仲」の姓

月化に対する代官所の信任はきわめて厚く、揖斐郡代は彼に「仲」の姓を与えて重用し、月化が隠居して閑居の身となった後も、時の郡代羽倉権九郎秘救は、しばしば彼を招くなど親交を重ねていった。

月化が父久兵衛が隠居した跡を継いで第四世となったのは、安永元年（一七七二）、二十六歳の時であったが、天明元年（一七八一）、三十五歳の時、家督を弟三郎右衛門（俳号桃秋）に譲り、自らは堀田村に隠棲し、秋風庵を営み、俳諧三昧の生活に入り、俗事から遠ざかったことを喜んだ。

月化の没

月化は文政五年（一八二二）、七十六歳で秋風庵に没し、大超寺に葬られている。商売を家業とする広瀬家の家業を安泰のものとし、さらに自らは文学の世界の中に入って、家業を若くして第五世桃秋に譲った月化の進退は、まことに立派で、後人は広瀬八賢の第一に挙げて、讃えている。幼時の淡窓を引きとって自分の許で養育した経緯は十分には明らかでないが、月化の人を愛し、人をいつくしむ性格が、結局は、病弱の淡窓を敢えて引きとったのであろう。

五　淡窓の学問のはじめ

淡窓読書（素読）の開始

天明七年（一七八七）、六歳の時淡窓は魚町の実家に帰り父母の膝下で読書、習字を習うことになった。七歳の時、父から『孝経』の句読（素読）を受けた。これが読書のはじめで、やがて翌年にかけて四書も教わった。習字も書を能くした父の指導宜しきを得て進歩していった。

長福寺法幢上人、椋野元俊

淡窓は八歳の時、長福寺住持法幢上人について『詩経』の句読を受け、九歳になるとさらに豆田町の椋野元俊に『詩経』『書経』『春秋』の句読を学び、内では父から『古文真宝』を教えられた。

頓宮四極

松下西洋

またこの歳から豆田室町の頓宮四極について、はじめて『蒙求』『漢書』『文選』の講義を聞いている。十歳の時久留米の松下西洋が自家に寄寓していたのに従ってはじめて漢詩を学び、学は次第に伸びてきた。この頃、頓宮四極に伴われて竹田村広円寺に法蘭上人をたずねて教えを受けたりした。すなわち、淡窓十一歳の頃の師は、松下西洋、頓宮四極が主であった。

高山彦九郎の来遊

かくて淡窓の学は急速にすすみ、その秀才ぶりが評判となったりした。十二歳の時、高山彦九郎が日田に来遊して、父桃秋と親しく交わったが、その時、淡窓が一日百詩を作ったのを見て、

仲秀才（仲は月化が揖斐郡代から贈られた広瀬の別姓）の唐歌うたいける嬉しさに
詠みて遣わしける
大和には聞くも珍し玉をつらね　ひと日にももの唐うたの歌

という賞讃の和歌を贈った（『懐旧楼筆記』巻四）。

第五世広瀬三郎右衛門淡窓の父

淡窓の父三郎右衛門桃秋は賢明かつ温厚で、兄の第四世月化から家督を譲られて広瀬家第五世となったのは、天明元年（一七八一）で年三十歳の時であった。『広瀬家譜』には代官府（普通単に「官府」と称した）と広瀬家の関わりが、淡窓の幼少時から次第に濃密になっていく経過が描かれており、興味深い。

父三郎右衛門桃秋の精励

まず淡窓は父桃秋が広瀬家を継いだ時は、「揖斐、羽倉交代し玉ふの前後、府中に知己の援なく、諸方の扶持米も十口に過ず、家内生口繁くして、活計頗る逼塞せり」の状態

であったこと、それ故桃秋は「心配し玉ふ事大方ならず、家に在ては、悪衣悪食し、夙に起夜に寝て、官府に給侍し玉ふ、其精勤同列に抜てたり」と記している如き生き方であった。官府に精勤しつつ、乏しい生計の中で懸命の働きが広瀬家をして、日田有数の豪商となる基礎を築いたというべきであろう。淡窓はこのような生活の厳しさもまた体験しつつ、青年期を迎えるのであった。

桃秋が郡代塩谷大四郎に特に目をかけられたことは、広瀬家のその後の大発展の由縁となったこととして、特記すべきことであるが、郡代塩谷の咸宜園の教育干渉、咸宜園の経営そのものへの介入の機縁も、この時起ったことを思えば、抜群の手腕家塩谷と、歴史がはぐくみ育ててきた絶世の教育者広瀬淡窓との、運命の出会いは、政治的手腕家と人格的教育者の対決となり、後述する如く事態は平穏ですまされなくなったのである。

六　広瀬家の発展

三郎右衛門の子八男三女

広瀬家五世桃秋は八男三女の子を生んだ。しかしこの中、長男淡窓、二女アリ（秋子）、三男久兵衛、三女ナチ、四男三右衛門、五男弥六、八男旭荘の外は早世している。

淡窓の母は八男旭荘を生んだ五年後の文化九年（一八一二）、四十八歳を以て没している。父桃秋は八十四歳の天寿を全うして、天保五年（一八三四）没している。

広瀬八賢

後になって世人は広瀬家の祖先の中から特に徳望と才能に秀でた八人を選んで「広瀬八賢」として讃えているが、それは前述のように、四世月化を最初の人とし、次に五世桃秋、淡窓、妹秋子、弟の第六世久兵衛南陔、末弟の旭荘、淡窓の義子青邨、嗣子林外（旭荘の長男）の八人である。

妹秋子

この中の唯一の女性広瀬秋子は淡窓の二歳下の妹で天明四年（一七八四）の生れである。はじめ安利といった。兄淡窓が病弱であったため、幼時より常に兄の健康を気にして育った。淡窓十八歳の時の病は特に重く一家をあげて心痛したが、安利は寝食を忘れて看護に務め、遂に天台宗の高僧豪潮律師に兄のための特別の加持祈禱を依頼し、心中で仏に誓って自ら兄の一命に代ろうとの大誓願を立てたという。

風早局

淡窓の難病もようやく快方に向い、安心の段階に達したので安利は誓願に従って報恩のため、剃髪して尼となって仏門に帰依しようとして、祖母の反対に遭って果せず、豪潮律師の計らいで京都にゆき、律師に深く帰依していた官女風早局に仕えた。安利二十歳の時であった。『懐旧楼筆記』の中に安利のことを追憶して淡窓は次のように述べている。

予既ニ自ラ保養スルコト能ハズシテ、病ヲ生ジ、又自ラ勉励スルコト能ハズシテ、父母ヲ憂ヘシメ、終ニ妹ヲシテ、予ニ代リ身ヲ捨テシムルニ至ル、コレ誰ガ罪ゾヤ、嗚呼、予ガ髪ヲ抜イテ予ガ罪ヲ数ヘンニ、髪ハ尽クルコトアリトモ、罪ハ尽クルコトアラジ、因テ懺悔ノ旨ヲ、ココニ述ブルモノナリ

「孝悌烈女」

風早局は安利に「秋子（ときこ）」の名を与えて重用したが、文化二年（一八〇五）、病のため二十二歳にして没した。諡して「孝悌烈女」という。淡窓は『懐旧楼筆記』において「往年彼ガ予ガ命ニ代ラント誓ヒシコトアレバ、此度ノ死モ、予ガ為ニセシ様ニ思ハレテ、其痛骨髄ニ徹セリ、予生来生死別ノ悲、是ヲ以テ第一トス」と断腸の思いを記述している。

第五世桃秋の長男は求馬淡窓であったが、前述のように幼少の頃から多病で、家業を継ぐことができないとして、専ら儒業を以て身を立てることになったので、文化七年（一八一〇）、三男の久兵衛が二十一歳にして父桃秋から家督を譲られ、広瀬家第六世となった。

第六世三男久兵衛

久兵衛は通称、はじめ土五郎または正蔵とも称した。名は嘉貞、字は子礼、南陔と号し俳号を扶木といった。長男淡窓より八歳下の弟である。

広瀬家は四世月化の代から正式に用達を家業としたが、久兵衛も家業を嗣ぎ、まず竹田、杵築、府内、蓮池、対馬、鹿島、大村諸藩の用達になって、たえず代官所に出入したのである。代官の信頼厚く、後にはついに「掛屋」を命じられ、また日田の中城村、堀田村、中西村三ヵ村の庄屋、豆田町の組頭なども勤めるに至った。

「日田金」

近世後半期において、いわゆる「日田金」を動かして、日田に決定的経済的繁栄をもたらしたのは、日田の「掛屋」であった。近世後半期は幕府の大名統禦策も遠慮なく実施され、各藩主は参覲交代の制度による巨大な費用の負担、各種の工事の下命による負担金の増大、貨幣経済の浸透による一藩の財政困難等が進行し、大名及びその家臣たちは、領内の米その他の物産の換金、そのための米その他の物資の集積・輸送・販売など、いわゆる大がかりな物資の集散、流通による現金の獲得が一藩単位で求められることになっていった。これにはそれに適う商人の活動が必須となる。いわば米経済をふみ台にして、換金物資を集散して、貨幣の獲得に狂奔する武士社会を巧妙に支える新興商人達であった。

物資の集積・輸送・販売

全国物資の集散地大坂

彼等は全国物資の集散地の大坂をはじめ、全国各藩、天領に是非必要な金あつかいに長けた商人たちで、その中の中心となった有力なものは、必ず政治権力と密着して、その権威を武器として、大規模な商業活動を実施し、いわゆる商才にうとい武士階級に代って、大胆な商業を実行した。これらが「掛屋」の起源となったといえるであろう。

日田の掛屋

支配高約十五万石前後に及ぶ土地を支配していた日田代官の、実際の行政手腕は、ここに育成された掛屋によって支えられていた。すなわち、日田の掛屋ははじめ用達であったが、この用達の中で特に代官所の信任の厚い者が選ばれて、代官所の各種財務事務の処理を命じられるようになり、これを掛屋と呼んだ。

こうして、日田の掛屋は年貢米や物産を大坂などの相場を見て有利に換金することを代官所から委託され、しかも換金した公金を代官所に納入する前、ある期限、自分で保管し（一ヵ年がほぼあたり前とされた）、その間無利子であったこと、それは掛屋に与えられた信頼と見合う利益が大幅に与えられたことになる。この公金の官府への納入に十分な余裕があったことが、幕末期に日田金と称する潤沢な資金が保有され、いわゆる大名相手の高利での資金提供、すなわち大名貸しが成立したのである。

日田金

日田の掛屋は九州諸藩の用達を兼ねていたので、無利子で保管中の公金を諸侯に貸付けて、確実に莫大な利益をあげていった。日田金は西国郡代府に守られた貸倒れのない、潤沢な金であった。これを借用した大名は、郡代の手前、返済も的確に実施してゆき、これを取りあつかう日田掛屋は想像を絶する巨大な金融資本家となった。九州各地はもとより遠く京坂からも利殖を求めて莫大な金融資本が日田に集中していたということは理解できることである。

金融資本家

第六世久兵衛は用達から抜擢されて掛屋となり、特に官府に密着した金融資本家として日田屈指の大資本家となったのである。広瀬家は久兵衛の代に最盛期を迎え、久兵衛は、九州諸藩の藩政改革にも当り、また各地で新田を開発したり、水運を改良したりの一大土木事業も次々と実施したのであった。

掛屋としての久兵衛

七　佐伯行

さて、淡窓は十三歳の時、羽倉郡代の面前で『孝経』を講義して褒賞された(『懐旧楼筆記』巻四)。またこの年、淡窓の師松下西洋が佐伯侯に招かれて日田を去ったので、翌年淡窓は佐伯に赴き、松下西洋の下で四ヵ月教えを受けた(『懐旧楼筆記』巻五に佐伯遊学が詳記されている)。

松下西洋佐伯へ

佐伯への旅行は淡窓にとって、思い切った大旅行であった。生涯病気に苦しんだ淡窓

淡窓の佐伯行

は、旅行すること少なく、殆ど日田を出ることはなかったが、わずかに、東は、この佐伯行と後半生における府内への出講、西は、これも後半生における大村、長崎への旅行、その修学時代の二十歳前後の三年間、福岡亀井塾への遊学くらいのもので、小旅行は、日田周辺の探勝、筑前甘木、秋月、大宰府、肥前田代方面への数回であった。北は馬関の海峡をわずかに越えて本土を踏んだだけで戻っている。

第二　淡窓の修学と講業開始

一　亀井塾入門

福岡行

父桃秋はかねてより当時海内にその名の聞えていた筑前福岡の亀井南冥の門に入らせ、本格的な研学をさせる意向であったが、淡窓が多病なため、それが果せずにいた。

筑前福岡への旅行は淡窓十五歳の時、伯父月化の発句集の序を亀井昭陽に乞うため、藤左仲の案内で福岡に往き、昭陽に謁した。途中筑前秋月に立寄り、原古処の許に留り数日をすごしたりした。この時は序文は果せなかったが、この年再び福岡行をしている。

亀井昭陽に入門

亀井塾への入門を果したのは、寛政九年(一七九七)、淡窓十六歳の時であった。南冥は福岡城下唐人町に父とともに家塾を開き町医をかねていたが、三十六歳の時藩に見出されて儒官の列に加えられた。福岡の藩学は貝原益軒の高弟竹田定直の曽孫に当る定良及びその一門が教員として連なり、益軒の学統朱子学派の教学をここに展開していた。東学問

貝原益軒の高弟竹田定直の曽孫定良

東学問所修猷館

西学問所甘棠館、亀井南冥

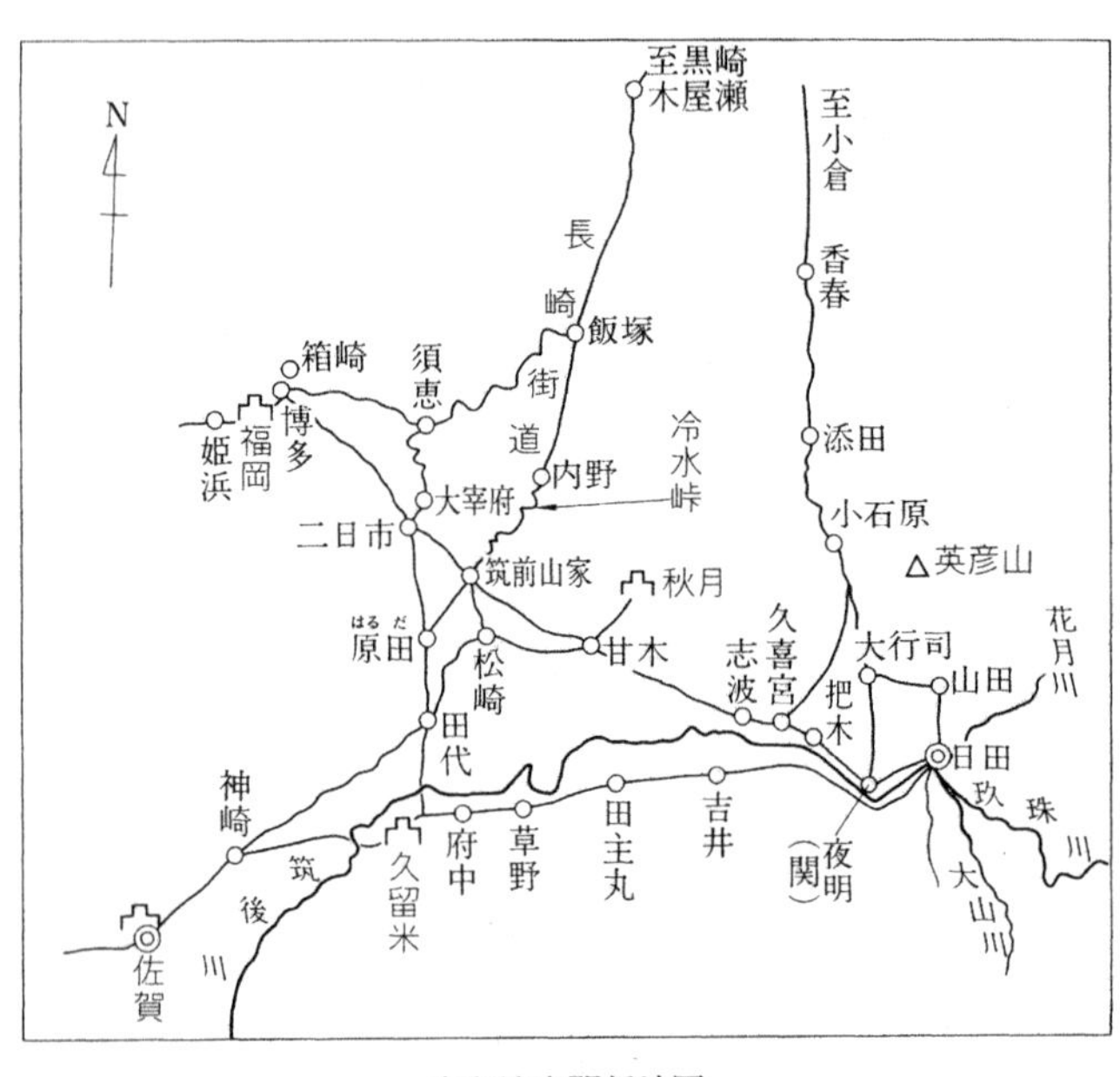

広瀬淡窓関係地図

所修猷館が彼等が拠る藩校であった。

藩は修猷館を竹田定良に命じて開かせた天明四年に今一つの藩学、西学問所甘棠館を開かせ、亀井南冥を教授に当らせた。一藩の中に、同時に朱子学派と徂徠学派の藩校を開設したのは福岡藩だけであった。亀井南冥の名声が如何に高く、そして彼を無視できない藩内の事情があったのである。

南冥の主宰する西学甘棠館は寛政十年（一七八九）二月「延焼ニ罹ル」（『日本教育史資料』巻八）事態が

起り、完全に焼失してしまった。藩当局はこれを再建することなく、儒員たちを罷免し、学生をすべて東学修猷館に移した。これより先き寛政二年(一七九〇)、松平定信によって実施されたいわゆる寛政異学の禁は、その本来の目的は幕府の学問所林家の家学を正すことによって、朱子学を正学とし、他を斥けて昌平校学風を刷新することで、必ずしも諸藩に対する処置ではなかった。

寛政異学の禁

しかし諸藩はこの幕府の改革を重視し、できる限り朱子学以外の学統学派を藩内から一掃し、幕府と同じように朱子学を以て正学とする政策に出た。福岡藩では寛政四年(一七九二)、亀井南冥を、圧迫、排斥の理由をつくって、ついにその食禄を没収という思いきった弾圧を実施した。南冥は家塾の亀井塾の経営に専心しようとしたが、藩はそれさえも圧迫をしつづけた。その上での火災焼失、しかも隣に在った亀井家も灰燼に帰したのである。昭陽もこれを機に致仕し、自宅で細々と講学をつづけていったのであった。

福岡藩の亀井南冥排斥

淡窓の亀井家入門は寛政九年(一七九七)で南冥は蟄居を命じられ、西学は亀井の高弟江上源蔵が代って講業に当り、南冥長子昭陽も教鞭をとっていた時であった。南冥五十歳、昭陽二十五歳、淡窓十六歳であった(井上義巳『福岡県の教育史』思文閣出版、昭和五十九年、第三章第四節)。

南冥長子亀井昭陽

経学と文章を昭陽より、詩を南冥から教わる

淡窓は経学と文章を昭陽から教えを受け、詩を南冥に就いて学んだといわれている。淡窓はこの頃、筑前の名所等を訪ねたことが『懐旧楼筆記』巻七に述べられている。「余筑ニ在テ遊覧スル所ノ地多シ。箱崎ヲ次テ第一トス」と述べ、有名な筑前城下の作を記している。

　筑前城下の作

伏敵門頭浪拍天　当時築石自依然
元兵没海蹤猶存　神后征韓事亦伝
城郭影浮春浦月　絃歌声隠暮洲煙
昇平有象君看取　処々垂楊繋賈船

伏敵門頭、浪天を拍つ。当時の築石自ら依然たり。元兵海に没する蹤猶あり。神后、韓を征する事亦伝う。城郭、影は浮ぶ春浦の月。絃歌、声は隠る暮洲の煙。昇平象あり、君看取せよ。処々の垂楊に賈船を繋ぐ。

甘棠館・亀井家焼失

寛政十年（一七九八）淡窓十七歳、亀井塾に入門して二年目、その正月を塾で迎え、正月中を日田に帰って過していた。二月に入って帰塾する用意をしている時に、急報が入り、師家も甘棠館も一時に灰燼に帰し、すべてを完全に焼失したことを知り、急ぎ福岡に戻

った。『懐旧楼筆記』（巻七）には、この事故の驚きと、とるものも取りあえず福岡にかけつけ師家を見舞った次第、亀井家の現状が詳細に述べられている。

姪の浜の甘古堂

亀井家は、とりあえず市の西方二里の姪の浜に移った。昭陽はここに甘古堂を開設して儒業を行う一大奮発をしていた。淡窓はこの甘古堂に身を寄せ、これまた最悪の条件の中で勉強に精励しつつあった。寛政十一年（一七九九）、十八歳の冬、淡窓の病起り、病状は重かった。ついに十二月、日田に戻り、専ら闘病生活に入り、再び福岡に戻ることはなかった。淡窓の亀井塾での生活は十六歳より十八歳までの前後三年であったが、亀井父子との直接の接触は正味二年にすぎなかった。最後は淡窓は病篤い中をやっと日田に戻る状態で、悲惨であった。しかし淡窓は、亀井塾の前後三年に亀井父子より受けた学恩の厚きを次のように特記し感謝の思いを筆にしている。「先生父子、之ヲ他方ニ悠揚シテ、遠近ニ施セリ。固ヨリ竜門ノ一言ハ常人ノ千言万語ニモ勝レリ。況ンヤ其力ヲ極メテ悠揚スルニ於テヲヤ。予今日微命ヲ偷ム者ハ皆ニ先生ノ賜ナリ。教ヲ受クルノ日浅シト雖モ、其恩遇ハ終身随従スルモノヨリモ勝レリ」（『懐旧楼筆記』巻八）。

短期間の福岡遊学

淡窓の福岡遊学は年限短く、淡窓としては十分な習学が出来たとは何処にも述べていない。むしろ亀井家の一大不幸に出遭い、研学そのものが中途半端に終ったことを嘆いているが、その中で後年になって親交を深め、生涯の友となった数名の友人との出遭いがなされたことは望外の出来事であった。その第一は日田と福岡の道程の中途にあたる秋月の原震平（古処）との交りである。原古処は淡窓より十六年の年長、天明四年（一七九二）十八歳で、亀井南冥が甘棠館で盛んであった時、入門し、亀井門下の四天王の一人といわれ、特に詩作に優れていた。亀井門下では昭陽の文、古処の詩が特に優れていたことを亀文原詩（『福岡県百科辞典』下巻）と称して讃えた。寛政十二年（一八〇〇）、秋月藩校稽古館の教授となった。長子の白圭、女采蘋も学才があり、また詩に優れていた。

この原古処はしばしば日田に遊び、淡窓宅にも滞留することが多かった。淡窓はその筆録に原のことを震平と通称で記している。

この原古処を南冥の高弟とすれば、淡窓は昭陽の高弟として、学問教育の道を進み、それぞれ歴史に足跡を大きく印したのである。

前述のように、福岡から病気を担って日田に戻った淡窓は病気療養に専念し、魚町の実家と秋風庵とにおいて交々病身を横たえた。しかし、秋風庵で養生する方が多かったようである。

亀文原詩

原古処娘采蘋

二　闘病と倉重湊との出会い

福岡より帰った翌年、すなわち寛政十二年（一八〇〇）は、淡窓の病気極めて重く、本人の苦痛はもとより家人一同懸命に看護したことが筆録に詳細に記されている（『懐旧楼筆記』巻九）。この生死の間をさまよう病中に一人の人物との出会いが成り立った。その人物は淡窓の重病を癒したばかりでなく、淡窓の人生の進路を自ら決めさせる一大事を成しとげた。この人こそ倉重湊であった。肥後に養子にゆき肥後の人となったがもともと日田竹田村の人で、すでに淡窓の才子であること、そして淡窓は健康さえ適えば広く世人を益する人物であることも見抜いていた。

倉重湊との出会い

かくて淡窓の難病治療の主治医となって、主として灸治療を中心とした方法で治療し、四―五月の頃にはついに病蓐を離れさせてしまった。妹秋子の献身の看病もこの時のことであった。

倉重湊による治療

妹秋子の看病

これ以後、淡窓は秋風庵と実家とを往復しながら「終ニ病ヲ養フヲ以テ任トシ、勧学ヲモセズ、遠遊ヲモセズ、徒ニ数年ノ月日ヲ送レリ」（『懐旧楼筆記』巻九）と後年歎息をおさえかねた苦悩の数年を経過することになった。

南冥六十の賀

福岡百道の新宅

享和二年(一八〇二)、淡窓は二十一歳に達した。健康も小康を保ったので、秋八月、福岡に出向き南冥六十歳の寿を賀した。淡窓にとって、十八歳の冬病気起り、姪の浜の亀井先生の寓を去ってから三年目であった。江藤牛四郎、館林清記、諫山安民等が同行した。彼等は後年淡窓講業開始期の最初の門弟となった人物である。南冥一家は姪の浜から百道(ももじ)(現、福岡市早良区西新町)に新宅を構えて転居していた。淡窓等は半月余を師家に滞在している。

羽倉左門の師となる

福岡から帰って暫くして、秋冬の間と思われるが一大朗報が官府より達した。代官羽倉秘救から召され、相見の式のあと、月に六回、官府に出向いて講義することを委嘱されたのである。秘救の息左門の師として迎えられたわけである。羽倉代官着任間もなく淡窓が召されて『孝経』を講じたことがあったが、それは一回きりのことであった。今回は月六回と指定されたのである。今回の講釈は『四書』についてであった。

倉重湊は淡窓の体調が悪化した時など広瀬家の招きで肥後から来て淡窓を秋風庵、または魚町の実家を訪れて、淡窓の健康を診察していた。淡窓が欝々として何のなすこともなく日々を送っている時、近郊に淡窓と共に出遊して、淡窓の気の晴れることを促し、

倉重湊の日田来訪。倉重湊に書簡を以て人生の大事を尋ぬ

またそのための処置を行なったりした（『懐旧楼筆記』巻十）。

文化元年（一八〇四）、淡窓二十三歳の時、倉重湊が日田に来て長期間滞在することがあった。淡窓は意を決して一通の書に、自分はどのような人生の道を歩むべきか、自分でなし得る人生の計は何であろうかと、鬱々たるのみでなく、進退窮った心境を書き送り、倉重の「裁断ヲ請」うた（『懐旧楼筆記』巻十）。数日後、倉重を訪問して見解を問うたところ、倉重は淡窓の書簡を地に抛ち、冷笑して淡窓に応えた内容は次の如くきびしい叱責であった。

倉重湊の忠告

一、足下は町家の生れながら、十歳にも満たない時から専ら読書を事とし、十二―三に至っては、奇童神童の名を得、弱冠に至っては其名海西に普遍している。このことは足下が儒業以外の道を以て身を立てるわけにいかないことを物語るものである。それを十分に考えずにやれ医を学び医の道を進むことが自分の活計といったり、やれ農商以外に道はないと考えるなど、笑止千万である。

二、日田は儒業を立つべき土地でないと足下はいう。これは日田の風土の悪いが故ではない。足下が教授の道を本気になって尽さないが故である。

三、足下は毎日僅かの書を講ずるのみで、未だ曽て教育ということが如何なることか

を、考えたことがない。一日書を講じて二日は休むということでどうして門生が殖えようか、教育の基本が何かについて考えが足りない。

四、畢竟して儒者は貧しい者なのである。都会の人口の多い所の儒者もまた貧をまぬがれない。ましてこの日田の如き僻陋の地にあっては、余程の努力なしには生計を儒業で立つことは出来ない。

儒業、教育の道は重大決意を以てなすべし

五、儒業、教育の道は、意を決して、不退転の意志を以て事に当ること以外に成功の道はない。足下は今なすべき一事に努力せず、ただ悠々忽々として日々を送り、それで父母に頼り、他人をあてにした生活をしている。もし小生の言を是とするならば、早速、今日から一大決意を以て講業に当れ、教育の事に当れ、小生も足下のために郷党の父老長者に足下のことを説き、足下の事業の発展の一助となりたい。

これで淡窓の迷いは消し飛び、重大決意を以て教授の業に専心することを倉重に答えた。

不退転の決意をすることを奨める

文化二年（一八〇五）、淡窓二十四歳、前年倉重湊の叱咤激励により、一大決意をした淡窓は、これも倉重の忠告、すなわち一生の活計を立つるための講業をする場合、不退転の決意がなくてはならぬ、そのためには淡窓の姿勢の一ばんの問題は、常に父母と同居して、生活を見てもらっている点であるから、必ず父母と離れて、独立して生活を営みつつ、講業に当らねば、本気の講業とならぬとの意見に従って、魚町の両親の膝下を離れることにした。父母には明春になって開業することを告げ、日夜講業の事に工夫を用いていった。まさに倉重の忠告は淡窓の一大決意を以てせざる教育は必ず成功に至らない一点を衝き、淡窓の人生の設計への工夫が、ここから点火されたのである(『懐旧楼筆記』巻十)。

父母の膝下を離るる決意

三　淡窓講業の開始

講業の場所は、豆田町長福寺学寮を借り受け、淡窓自身もここに転居した。文化二年三月十六日のことであった。諫山安民・館林伊織の二人も淡窓に従って長福寺に移り同居した。学寮は二階建て、上下併せて約二十畳の広さであった。師弟三人の炊事をしながら、講業が開始された(『懐旧楼筆記』巻十二)。

長福寺学寮

長福寺の法幢上人は、淡窓が幼時句読を授かった人であり、その父宝月上人も淡窓は幼時から親しくしていた。法幢上人の養子東海ともこの時から相識の関係に入った。長

法幢上人の父宝月上人

福寺寺内徳善寺素竜は俳諧の関係で月化・桃秋と親交をもったので淡窓とも親しかった。そしてその二人の子供を淡窓に入門させた。

倉重湊は淡窓と約束したように、市中の父老に良き紹介をしていったので、その子弟で淡窓への入門者が次第に多くなったことは淡窓を喜ばせた。日田の有力者三松寛右衛門の子寛次、俵屋藤四郎の子幸六、倉重湊の子文哉、諫山元端の子登、小林安石、専称寺堯立、皆新規に入門して業を受けた。

この中、堯立は暫く学寮に淡窓と同居した。この人は後期、月化翁と淡窓と塾生数名をさそって五馬(いつま)に旅行した虚舟その人であった。この外、桂林園を新築するに功があった伊予屋久右衛門儀七もこの頃から盛んに出入りして、世話をしている。淡窓の弟正蔵(久兵衛)もこの時淡窓の弟子として学を始めた。この外従来からの三-四の弟子が外来生として淡窓に就いた。このように淡窓が本気になって講業を開始するや、次々と弟子が増加していった。

また淡窓が長福寺に居住中に、羽倉代官の息左門が淡窓を長福寺にたずね、淡窓は長福寺書院を借りて講席として、左門に講説をした。この頃、官府に淡窓は毎日のように出入して講業を行っていた。淡窓は本気になって、人生の活計樹立に向って突進してい

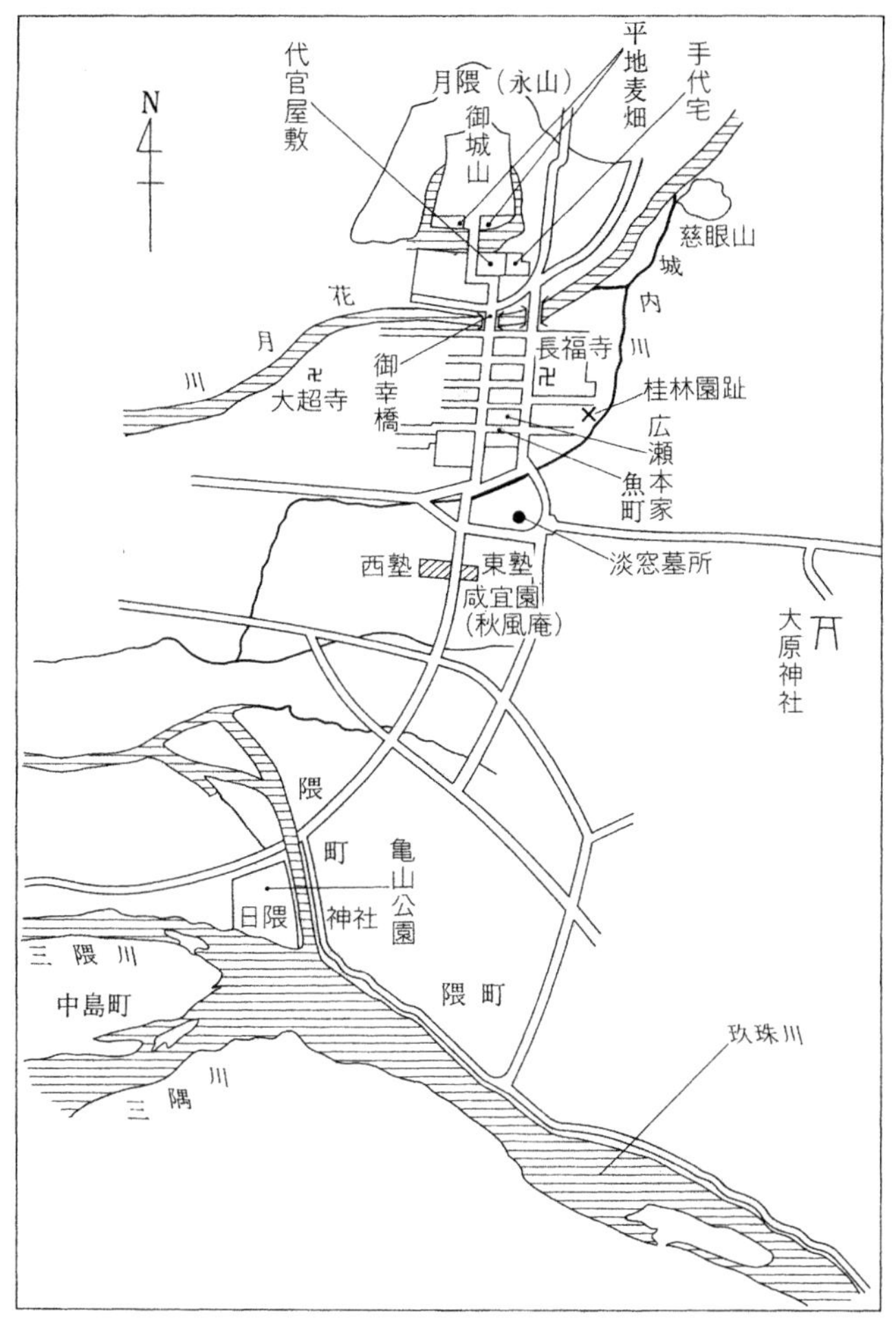
N
代官屋敷
月隈（永山）
平地麦畑
手代宅
御城山
慈眼山
城
内
川
花
月
川
大超寺
御幸橋
長福寺
桂林園趾
広瀬本家
魚町
淡窓墓所
西塾
東塾
咸宜園
（秋風庵）
大原神社
隈
町
亀山公園
日隈
神社
三隈川
中島町
隈町
玖珠川
三隅川

咸宜園関係図

った感がある。

淡窓の長福寺在住はこの年の三月から六月までで短期間であったが、淡窓は「然れども、此の時より従学の者多くなり、開業の基建ちたり」（『懐旧楼筆記』巻十二）と回想している。

四　成章舎での講業と月旦評の開始

成章舎

淡窓は長福寺学寮が客僧の宿泊所として、寺に必要となって来たのを機に、実家に近い豆田町の大坂屋林左衛門の家を借りて転住し、ここを講業の場所とした。僅か八畳と六畳の二間の家でしかなかったが、倉重湊の戒めを守り、父母と別居しての再出発であった。淡窓に従って移った同居の弟子は諫山安民・館林伊織のほか数名の内弟子となっていた。淡窓と弟子たちはこの小屋を成章舎と名付けた。

成章舎は代官府とは約一町余りの距離にあり、淡窓にとっては好都合であった。「時ニ左門君学ニ向ハセ玉ヒ、余日々講説ノ為ニ彼方ニ赴ケリ」（『懐旧楼筆記』巻十二）。時には塾生を引連れて行って、官府で会読を行うこともあった。

またこの頃、これも倉重湊の進言で、今迄師弟の間の呼称は相互友人同様の名を用いていたが、「名正しからざれば言順がわず」(『懐旧楼筆記』巻十一)のいわれがあるので師弟の間の呼称をきわめて厳正にすることにした。ちょうどこの頃、日田の長老の一人三松寛右衛門の「同居の弟子が数名に達しているので、先生が食料を出すことがあってはならない、門弟が協同してこれを供さなければならない」(同上)との意見を容れることになり、ここにおいて師弟の間の秩序が適正厳格になった。しかし淡窓の真意は、開業当初の師弟間の自然の情にもとづく関係を惜しむ様子が筆録にあらわれている(『懐旧楼筆記』巻十二)。

師弟間の呼称を厳正に

師弟の食料は弟子が持つ

この年の八月、成章舎において初めて、淡窓の咸宜園の教育の核心となるに至った月旦評を作製した。淡窓の門弟で地方において師にならって開塾する者が数多く出たが、それらもまた、月旦評を淡窓にまねて、塾生指導の肝要点とした。淡窓は月旦評の一利一失のあることに留意して、その日々の評価の仕方の間違わざることを祈念している。

月旦評の作製

ともあれ、初めて手がけた月旦評は階級を四等級に分け、載せた門弟十五人であった。第一等は諫山安民・小関亨・館林伊織の三人、第二等は田島蘭秀等三人、第三等は広瀬正蔵一人、第四等は小林安石等八人であった。淡窓はこの第一回の月旦評作製を後年ま

最初の月旦評四等級

で忘れず、正確に懐古している（『懐旧楼筆記』巻十一）。

五　五馬紀行——草稿『五馬紀行』の発見——

文化三年の梅雨は春の初めより五月までつづき、成章舎は日中暗く、生活も講義にも差支えるほどであったので、淡窓は実家の南の家（南家）に入り、門人はその階上に居住し、講業は屋敷内の土蔵の中で行った。

当時、まだ入門簿の制が作られず、また日記も記さなかったので、正確に門人の出入の記録がなく、思い出し思い出しして記録しているこの『懐旧楼筆記』の不正確さを嘆いている（『懐旧楼筆記』巻十一）。

入門簿、日記なし

この年（文化三年・一八〇六）の九月、淡窓は伯父月化と共に、門弟虚舟（はじめ堯立と称しのち改称）の奨めで、その郷里の五馬市に遊んだ。一行は虚舟・月化・淡窓の外に六人の門弟が同行した。

五馬市は日田を去る約四里（約十六キロ）、日田を流れる玖珠川の少し上流に南より流れ込む大山川の中流に在る。この五馬旅行は淡窓には思い出に残る小旅行であった。

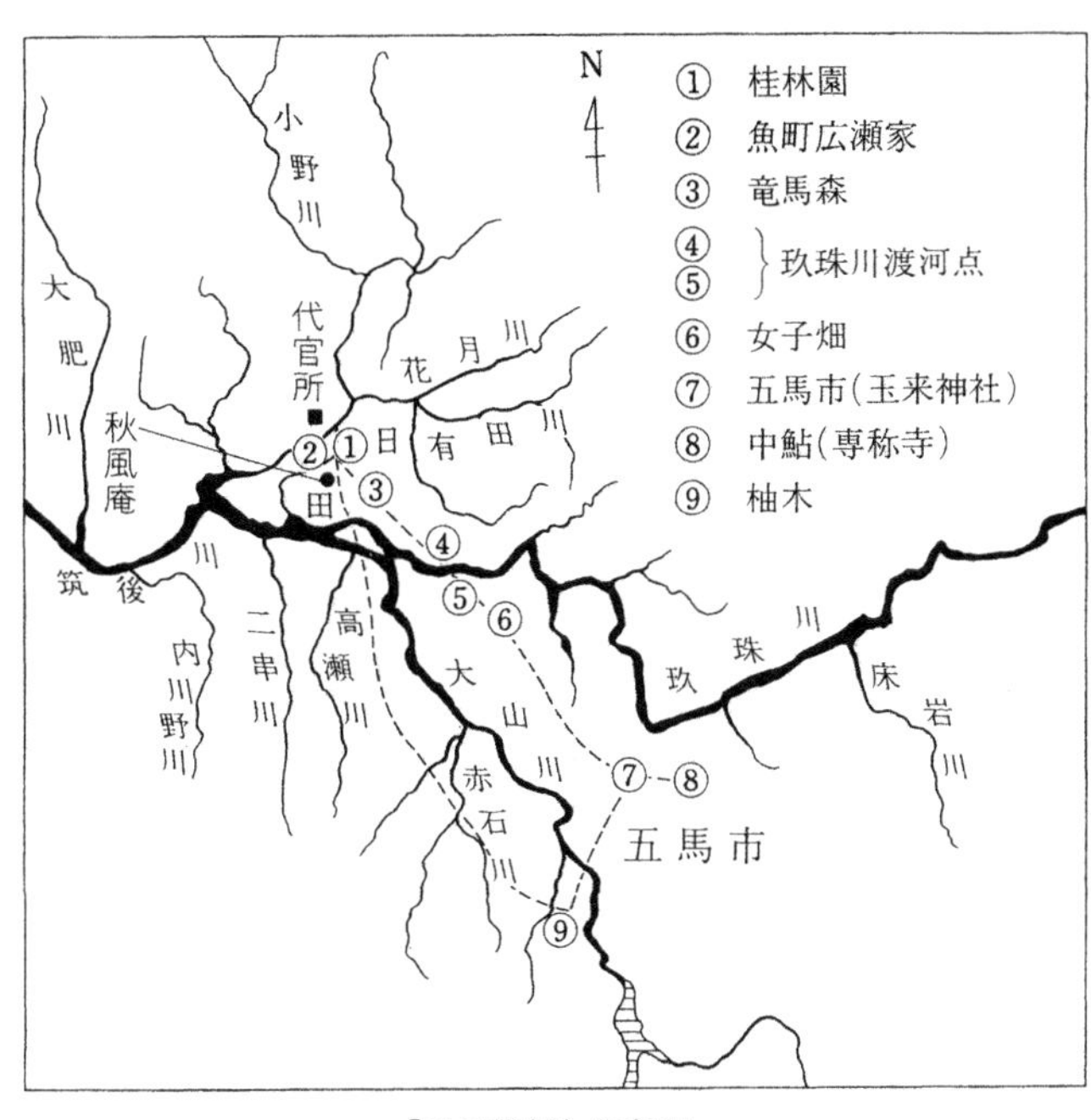

『五馬紀行』行程図

それは、淡窓が講業を開始して約一年半、長福寺学寮より成章舎に移ることができ、門弟も次第に殖え、生計の基礎ができたとの見通しに立った時であったこと、幼時は勿論、青年期になっても健康の時も大病の時もその養護を受けてきた伯父秋風庵月化も親しく同行した遊行であったこと、月化あっての淡窓の一人立ちの講業開始であったこと、などからして忘れることのできないものであった。

ところが『懐旧楼筆記』で

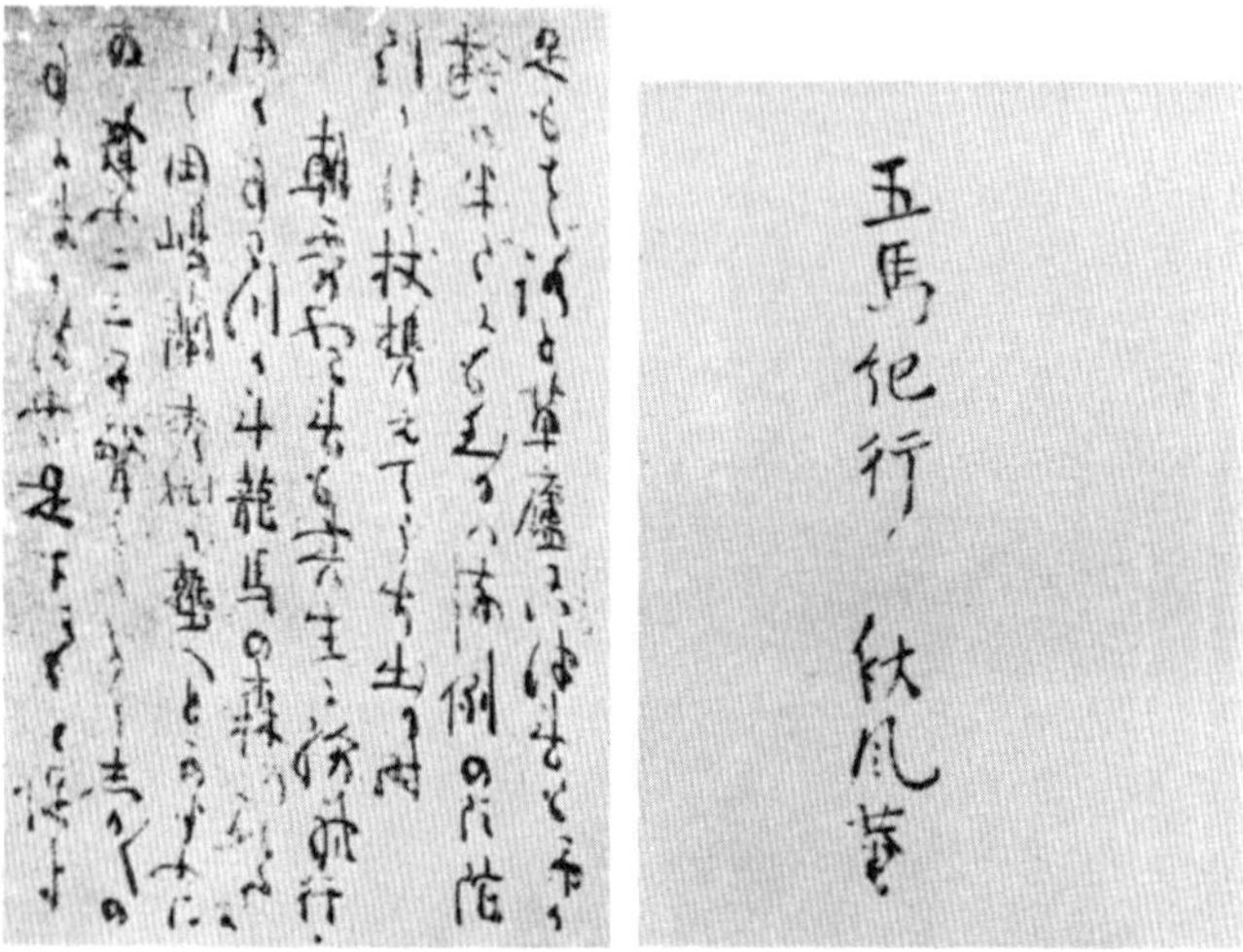

『五馬紀行』表紙と本文（広瀬恒太氏蔵）

は、この五馬旅行について、たしかに月化が認めた紀行文が見当らず、何時か必ず捜して入手したい文献であること、たしか月化のその紀行文には出発の時の発句「朝霧や我も書生に紛れ行く」があったことを忘れないでいることを記している（『懐旧楼筆記』巻十一）。

　昭和四十一年（一九六六）、当時広瀬家十世、衆議院議員広瀬正雄氏の実弟で郷土史家の恒太氏によって、苦心の末、月化が筆記した年から約百六十年間行方不明だった『五馬紀行』の月化筆の紀行文に五馬に同行した淡窓及びその門弟の詩が合計二〇首書き加えられた草稿（二十四丁から成る）が発見され、世に公にされた。

これは淡窓及び月化研究にとり、さらに広瀬家の歴史の研究の上にも極めて重大な発見であった。発見されたこの重要文献は大分県立日田高等学校の高倉芳男氏によって『大分県地方史』第四二号に「秋風庵月化と五馬紀行について」と題して、その研究が発表された。

淡窓が記憶の中にあるとした月化の句「朝霧や我も書生に紛れ行く」は正にその巻首の部に載っていた。その時の諸氏の年齢は、月化の筆によると、月化六十歳、淡窓(当時廉卿と称していた)は二十五歳、淡窓の弟正蔵(後の第六世久兵衛)十七歳、館林伊織十五歳、虚舟十九歳、小関亨十九歳、村上俊民十六歳、河南大路十八歳、田島蘭秀十九歳であった。

朝霧や　われも書生に　紛れ行く

の句は出発時に詠んだもので『五馬紀行』の三丁めに載っている。六十歳月化の青年書生たちに対する姿勢がよく表現されている。書生たちの師淡窓の伯父、それも我子のように愛護してきた伯父、もう秋風庵で、俳諧の師匠として円熟した活動をしていた月化師匠は、若い門弟たちに対して寸分の高姿勢がなく、自分も淡窓も正蔵も、皆、同等同列の友人のような意識に立っての旅行であったことをよくいいあらわしているのがこの句である。

第三　桂林園講業の開始

一　桂林園の経営

講業の成功と塾舎必要

文化四年(一八〇七)、淡窓二十六歳、この年、はじめて独立の塾が構築され、淡窓の講業も本格化し、生活の基礎も確かなものとなり、後の咸宜園の盛時の準備が、門弟の数の上でも塾舎の面でも、着々と進みはじめた。いわゆる桂林園(桂林荘とも称した)の発足である。

新塾舎の建築

文化四年のこの歳の入門者は僧順教以下七名の名が『懐旧楼筆記』(巻十二)にあり、内外の門弟が二十余人になったことが記されており、門弟の増加が次第になされていることが分かる。この書において淡窓は、桂林園の造築の経緯を次のように記している。

桂林園の成立

伊予屋儀七

場所は豆田町の東偏裏町。主として伊予屋儀七が斡旋、約一ヵ月で竣工したこと、その間取りは、階下に六畳と八畳と十畳の三間、六畳が淡窓の居室、階上は階下と同じ広

「日湊銭」の制

桂林園跡（『咸宜園写真帖』より）

さで四間があり、内三間を書生用に充てた。外に炊事場、便所を附置した。竣工後の六月上旬、淡窓は塾生十人余りを率いて住み込んだ。

建築費は銭八－九十貫、儀七がその半ばを提供し、残余は淡窓と門弟が負担した。

この時淡窓が制定して後年に及ぼし、咸宜園経営の基盤となったともいえる「日湊銭」の制がここに起された。門弟各人が一日三銭宛醵出し、それをもって桂林園造築費の償還に充てたことであるが、淡窓は凡そ四－五

塾経営の巧みさ

年で償還を終ることができたと記している。その後もこの制度をつづけ、これによって塾舎の修復費に充当し、三-四十年もこれがつづいたとしている。塾の経営の巧みさがここにもはっきり窺える。

伊予屋、博多屋、枡屋、丸屋

伊予屋は手嶋氏で博多屋（広瀬家）、枡屋（草野家）、丸屋（千原家）と同じく日田の旧家で資産家で、この中でも伊予屋が筆頭であった。

淡窓の感謝の記述

儀七もその叔父久右衛門も淡窓と師弟関係はなかったが、この義挙があり、その父休安も極めて節約第一の人であったが儀七の美挙を支持した。淡窓は「実ニ感佩負荷スベキノ至リ也」（『懐旧楼筆記』巻十二）と感謝の意を述べている。

諫山安民

淡窓開塾の当初から入門して、常に淡窓に侍して離れることなかった諫山安民は儀七たちと姻戚関係にあった。桂林園造築の時は約一年ほど秋月に行っていたが、急ぎ戻って、塾内にあって造築の斡旋に当り、色々と苦労をした。淡窓は安民こそ「余カ垂帷ノ業ニ於テ、輔佐賛成ノ功、第一トスヘシ」（同上書）と記して安民が体を惜しまずに献身してくれたことを激賞している。

二　淡窓詩風の成立

「桂林荘雑詠」

淡窓は『遠思楼詩鈔』巻上（『淡窓全集』中巻）に「桂林荘雑詠」四首を載せた。この詩は、淡窓の代表作の一にあげられている。

なお、淡窓の詩の代表的なもの、後世に詠われたものは原文を前に掲げた。

桂林荘雑詠示諸生一首

休道他郷多苦辛　同袍有友自相親
柴扉暁出霜如雪　君汲川流我拾薪

道うことを休めよ他郷苦辛多しと。同袍友有り自ら相親しむ。柴扉暁に出づれば、霜雪の如し。君は川流を汲め、我は薪を拾わん。

休道詩

これは淡窓の詩の中でも最も有名な詩で、「休道詩」とも称され、諸国から勉学に集った門人たちの、家郷を遠く離れた寂しさと、お互い同志の慰め合い、助け合いの生活が展開していく状況が巧みに詠まれている。また、

桂林荘雑詠示諸生一首

遙思白髪倚門情　宦学三年業未成
一夜秋風揺老樹　孤窓欹枕客心驚

遙かに思う白髪、門に倚るの情。宦学（かんがく）三年、業未（ぎょういま）だ成らず。一夜秋風老樹を揺がし、孤窓枕を欹（そばだ）てて客心（かくしん）驚く。

遙かに故郷を離れて遊学してきた門生たちの心境をよく詠んだ詩である。年老いた両親が白髪で門に倚りかかって、他郷に遠く遊学している我が子のことを思っている情景が偲ばれる。この門人は遊学すること三年になるが、学問は成就しない。ある晩秋風が吹いて老樹を揺り動かしたが、淋しい窓辺に枕を傾けて、その風の音を聞いていると、他郷にある者の心を、家郷の両親の安否と自分の学業成就の見通しとの間に揺り動かさずにはおかない。多くの門生が全国より参集した淡窓の塾生活の中での、数多い情景であったことと思われる。

淡窓、病起る

桂林園を開いた文化四年の秋は淡窓の健康状況は不良で、桂林園に起居せず、魚町の自家に寝起きし、桂林園に出かけて講業をつづけていた。当時日田一帯に「疫癘」が流行し、淡窓も魚町の南家に病床に臥し、家人が看護に当った。翌文化五年正月まで病はつづき、「頗ル危篤ヲ覚ユ」（『懐旧楼筆記』巻十二）と記録したほど重かった。秋月の医師江藤養泰が招かれて治療に当り、漸く快方に向った。この時の疫癘で死去した数名の知人の名が『筆記』に載せられているが、この頃、一年の半ば風邪にかかっていることが多かった。今回のような重症は、嘗ての寛政十二年の大病以来、はじめてであった。

桂林園はこれを一時閉鎖せざるを得なかった。三‐四月になって、病癒えて再開したが、自らは魚町の自宅の南家を居所にして、毎日桂林園に出かけ、講終ってまた魚町に戻った。この様な状況がその後十年程つづいた。

淡窓の作詩は益々進み、このときのことを『懐旧楼筆記』巻十二に、「只褥枕ヲ離レサルノミ、是ニ於テ間ヲ消サンカ為吟咏ヲ事トセリ、因テ牀中ニ於テ、五律三十首ヲ得タリ、今遠思楼集中ニ存スル所五首アリ」と書いている。

淡窓五首一首

明窓兼浄几　　抱膝思悠哉
莫話人間事　　青山入座来

明窓浄几を兼ね、膝を抱いて思悠なるかな。人間の事を話すなかれ、青山座に入り来る。

淡窓五首一首

蕭瑟復蕭瑟　焚香細雨中
水沈煙一縷　不肯出簾櫳。

蕭瑟復蕭瑟、香を焚く細雨の中。水は沈む煙一縷、肯て簾櫳を出でず。

淡窓の詩風成る

これらの詩は、淡窓の詩風、詩情を最も良く伝える名作として、評判となり、『遠思楼詩鈔』が版を重ねたのは、このような俳句的な詩、すなわち、俳風を十分に滲ませた淡窓の詩の評価によってであると考えられる。

菅茶山、箕浦東伯

頼子成との機縁

淡窓はまたこの時期に、箕浦東伯（もと佐谷竜山、子信と淡窓は記していた）が備後神辺の菅茶(かんちゃ)山(ざん)と親交があることを知り、偶々東伯が来訪した機に、五七律数十首を東伯に託して茶山に評を乞うた。当初からの門弟の一人館林清記が茶山を訪れた時、茶山は評を清記に託してくれた。また清記は頼子成（山陽）とも接触があったので、清記が東遊する時、詩を頼子成に寄せるなどのことがあった。後日、頼子成との交遊が淡窓に成立つが、その機縁はこの時にあったのである。

この年六月、代官羽倉秘救が逝去した。六十一－二であったと淡窓は筆録している。羽倉代官について淡窓は筆を極めて賞讃している。すなわち、

在任中、甚タ令政アリ、其政ヲナスコト、謹厳ニシテ、煩苛ナラス、務メテ民力ヲ

惜ミ、民財ヲ養フヲ主トセリ、（中略）其ノ家ヲ治ムルコト極メテ倹素ナリ、一毫モ人ニ取ラズ、亦一毫モ人ニ与ヘス、如此ノ人、当世ニ多クヲ得カタシ、賢宰ト称シテ可ナリ。（『懐旧楼筆記』巻十一）

広瀬家が代官府と密接な関係を保ち、広瀬家の家業が盛大になったのは、淡窓の父第五世桃秋の時、代官は揖斐十太夫の時代にはじまり、次の羽倉秘救の時代になると、第四世月化は隠居後は俳諧を以て親交を保ち、淡窓は羽倉代官の息左門の読書の師として、羽倉着任の当初から、深いかかわりを持ち、第五世桃秋は積極的に家業を発達させた。日田の豪商の中でも五世桃秋が一ばん頻繁に官府に出入りしたとも淡窓は記している（『懐旧楼筆記』巻十二）。

三　桂林園時代の塾勢

文化四年（一八〇七）の桂林園造築の年から、同十四年（一八一七）の咸宜園移転の年までの十年間、淡窓は魚町の実家南家に居住し、毎日桂林園への出講の日々であったことは、前述の通りであるが、この十年は、淡窓の門弟が着実に増加の一途をたどった期間で、『懐旧楼筆記』巻十三から巻十六まで、その模様を記録している。以下、咸宜園に定住するまでの年々の重要事項のみを列記する。

眼疾しばしば起る

須恵の田原氏の治療を受く

文化五年の模様は前述した。文化六年（一八〇九）、淡窓二十八歳、この年の入門者三十二名。但し在塾生は約二十人。この年眼疾がしばしば起り、発熱もつづいたので、筑前須恵の眼科の名医の田原氏に往き治療を受けた。次に福岡に久しぶりに亀井先生父子を訪問、五年ぶりの福岡行きであった。帰途、須恵で治療をする。この年六月から九月まで専ら眼疾の治療を主とした。この間、講業は常の如くつづけ、自己の研学は全廃して健康に留意した。淡窓は、「予此病ヲ得シヨリ、唐本ヲヨムコトヲ得ス、細字カクコトヲ得ス、灯下ニ書ヲ見ルコトヲ得ス」（『懐旧楼筆記』巻十三）と記し、「是ヲ以テ半生ノ学業、依然トシテ進ムコトヲ得ス、是レ天ノ予ヲ限ルナリ。嗚呼悲シイカナ」と大いに歎息している。淡窓の毎日は、生来の病身を如何に大事にして発熱等の事態を引き起さぬようにするか、節制、節制これだけでも一大事であるのに、眼疾のために、自分の研学が殆ど不能であった。その日常の苦悩は推測して余りがある。

羽倉左門東上

文化七年（一八一〇）、淡窓二十九歳、羽倉秘救の息で、淡窓がその師として長年、その学を見てきた左門が東上した。のち、越後代官となり、日田に再来しなかったことを淡窓は歎く。九月に代りの三河口太忠が西国郡代として日田に来着した。

西国郡代三河口日田に来着

この年の五月、桂林園入塾生は三十一人に達した。「予開業以来、塾生三十人ニ及フコト、此時ヲ以テ始トス」(『懐旧楼筆記』巻十三)と回顧するとともに塾勢の向上を喜んでいる。

淡窓、合原氏と結婚す

この年九月、淡窓は結婚して、魚町自宅の北家二階を住居としたが、間もなく南家に転じた。妻は日田合原氏でナナと称し二十歳。

彦山参詣

この年の九月彦山権現に詣でた。病気平癒祈願のためであった。詩作あり、

彦　山

彦山高処望氤氳　　木末楼台晴始分
日暮天壇人去尽　　香煙散作数峰雲

彦山高き処望(のぞ)み氤氳(いんうん)、木末の楼台、晴れて始めて分る。日暮れて天壇人去り尽くし、香煙は散じて数峰の雲と作(な)る。

「彦山ハ晴天ト雖モ、山頂ニハ風雨起ルコト多シ。頂ハ樹木多クシテ遠望スヘカラス」と併記している(『懐旧楼筆記』巻十三)。

倉重湊及び松下西洋死去

この年の秋冬の頃に二大恩人が死去した。一人は倉重湊、年五十歳。他は松下西洋、

年四十七歳。淡窓の今日あるは、この二人の教導によるところ大きく「感嘆ニタヘズ」と淡窓は記さざるを得なかった（『懐旧楼筆記』巻十三）。

文化八年（一八一一）、淡窓三十歳、魚町の家に居住し、桂林園と官府に往来した。この年の入門者二十五名の名が記されている。

館林伊織、玖珠麻生家に養子となる

この年、館林伊織が玖珠郡の麻生春畦の養子となって彼地に赴いた。伊織は父母を亡してより外祖（月化）の家に養われること十三年に及んでいた。淡窓より十歳年少で二十歳になっていた。儒を淡窓から学び、医学を秋月の戸原暦庵に学んだ。

妹ナチ麻生伊織に嫁す　淡窓、日記を記録しはじめる

文化十年十一月、妹ナチ（十八歳）が前述の玖珠の麻生伊織に嫁した。淡窓はこの年の八月二十三日より日記を記しはじめた。それは、『淡窓日記』と題したものが巻一から巻十九まで、『遠思楼日記』と題したのが、『淡窓日記』につづいて、巻一から巻六まで、それにつづいて、『欽斎日暦』と題して巻一から巻六まで、ついで『醒斎日暦』と題したもの二十巻、つづけて『進修録』と称したもの十四巻、つづいて『再修録』と題したもの十二巻、つづいて『甲寅新暦』と題したもの五巻、合計八十二巻連続している。これま

日記八十二巻、『懐旧楼筆記』五十六巻

でも度々引用してきた淡窓の自伝的筆録『懐旧楼筆記』は五十六巻より成るが、六十五歳になって、諸記録を参考にして過去を回顧して自伝風に記したものであるが、その底

本となったものの中で最重要なものは、上記の『淡窓日記』より始まり『甲寅新暦』に至る、合計八十二巻に及ぶ淡窓自筆の日記である。これは没年の安政三年（一八五六）二月二十一日まで記されており、淡窓の研究の根本資料である。

亀井南冥死去の報至る

文化十一年（一八一四）、淡窓三十三歳。この年三月二日、亀井南冥死去の報に接し、淡窓は供二人を連れて急遽福岡に出立、途中、筑前甘木に一泊して翌日夕刻、亀井宅に昭陽を訪問、南冥死去の事情を聴く。

南冥は、百道林中で焚死したという。藩より罪を得て蟄居すること二十年、憤懣の末ついに狂疾を発することがあった由、淡窓が亀井塾に遊学中は唯酒に耽る状態であり、以後、時には狂疾が出、また平静に戻るという状況がつづいていた。不幸な後半生であった。南冥年七十二歳であった。

亀井家安泰

亀井塾はすでに長子昭陽が継承しており、藩は南冥の変死について格別の咎を科することなく、却って南冥の死去によって、亀井家は赦免され、官禄が皆旧に復したと淡窓は記録している（『懐旧楼筆記』巻十五）。

原震平来訪

この年六月、秋月の原震平（古処）が来遊している。十六年来交遊の親友、亀井塾の大先輩として尊敬していた。原震平は、秋月藩の儒官となって四方に名を高めていたが、この度致仕して、身軽く来遊したようである。

この年七月、淡窓の幼少時からの師、四極先生（頓宮）が死去している。七十五歳であった。

文化十二年（一八一五）淡窓三十四歳。この年の入門者二十五名を数えている。この年、隈町に大火があり、三分の二が焼失する大火災であった。このため淡窓がこの年に実現したかった塾の移転、すなわち、秋風庵の西隣に桂林園を移転し、居宅もその中に建築したく考え、土地だけ入手していたが、大火のため、日田の大工のすべてが隈町の再建に稼動して、とても淡窓の構想の実現に手がける状況ではなかった。

この年十二月、父三郎右衛門桃秋、六十五歳の老を以て隠居を願い出、これが許され、弟久兵衛が正式に広瀬家第六世となった。

久兵衛広瀬家第六世となる

文化十三年（一八一六）淡窓三十五歳。この年の入門者は三十二名が数えられた。この年四月、秋風庵月化を介して淡窓と因縁浅からぬ館林清記が秋月の前田氏から嫁をもらい、秋風庵で婚儀が行われ、淡窓夫妻もこれに参列した。

五事の工夫祈願

四月二十七日、淡窓は、眼疾平癒祈願のため、「五事ノ工夫ノ条目」（『懐旧楼筆記』巻十七）を立てた。それは、第一に「飲食を減じる」、第二に「情欲を絶つ」、第三に「薬餌に勤む」、第四に「読誦を省く」、第五に「陰徳を行う」であった。

佐伯藩より古田豪作、中島益多入塾

この年は、また後年まで忘れることができない出来事が起った。この年三月、中島益多（子玉）と古田豪作とが遙々佐伯から日田に来て、淡窓の桂林園に入門した。ともに佐伯藩士の子弟で、ともに俊才と称されていた。特に藩主から他国に遊学する特権が与えられ、業成って大成したら、藩に戻って「国用ニ供セントノ」方針であった（『懐旧楼筆記』巻十七）。藩より資糧が賜与されての遊学であった。淡窓は「益多ハ俊逸ナリ。豪作ハ温良ナリ」（同上書）と強い印象を以て受け止めたことを記している。「共ニ得難キノ器」（同前書）であったのに豪作が桂林園で死去するという思いがけない出来事が起ってしまったのだ。

益多ハ俊逸豪作ハ温良

古田豪作の急死

数日前から桂林園に痢病が発生し、豪作をふくむ多数の門弟がこれを患った。淡窓もまた「小恙」によって桂林園に行かないで、人づてに豪作の病状を聞いていた。ところが豪作の病状急変して、発病以来七―八日目に死亡してしまった。豪作はこの時二十二歳であった。淡窓は記録している、「諸生塾ニ死スル者、此人ヲ以テ始トス」（『懐旧楼筆記』巻十七）と。

中島子玉は淡窓門生三千人の中、筆頭の者として賞讃してやまなかった人物であるが、後述のように、咸宜園に移り、淡窓の勧めで亀井昭陽の門に入り、最後は江戸の、昌平黌に入学して、その華麗な文才を磨いた。この子玉は、豪作のように塾中で死亡するようなことはなく、業成って佐伯に戻り、さらに師の塾で報恩の業をするため、佐伯と日田を往復することがあった。しかしその後、天保五年（一八三四）三十四歳で死去してしまった。

代官三河口太忠輝昌が死去したのは文化十二年であったが、その喪を発したのは十三年十二月で、息子の八郎輝光が後を継いだ。間もなく東上して再び日田に帰らず、越後代官として赴任し、日田代官には塩谷大四郎正義が代って赴任することになった。

第四　堀田村、咸宜園の発足

一　桂林園の移築

堀田村秋風庵隣地に塾と住居を設ける構想の実現に向う

　文化十四年、かねてからの淡窓の念願であった堀田村秋風庵の隣地に桂林園を移築し、かつ淡窓夫妻の居所も塾に近接して建築することが決まり、漸く着工するに至った。田町の定八が棟梁となって差配した。二月二十八日、新居の建築、桂林園の移築等、その業務がほぼ完了した。淡窓は、二歳から六歳まで秋風庵で月化に養育され、魚町に戻り、それから三十年が経過して、再度、この秋風庵の隣地に居住するに至った経緯を感慨深く『懐旧楼筆記』巻十七で回想している。三月十四日新居に入り、この後転宅等はなかった。

「卜居」の詩

淡窓が新居に落着いた時、有名な「卜居」の律詩が出来、後年『遠思楼詩鈔』巻上（『淡窓全集』中巻）に載せられた。

卜居ノ詩

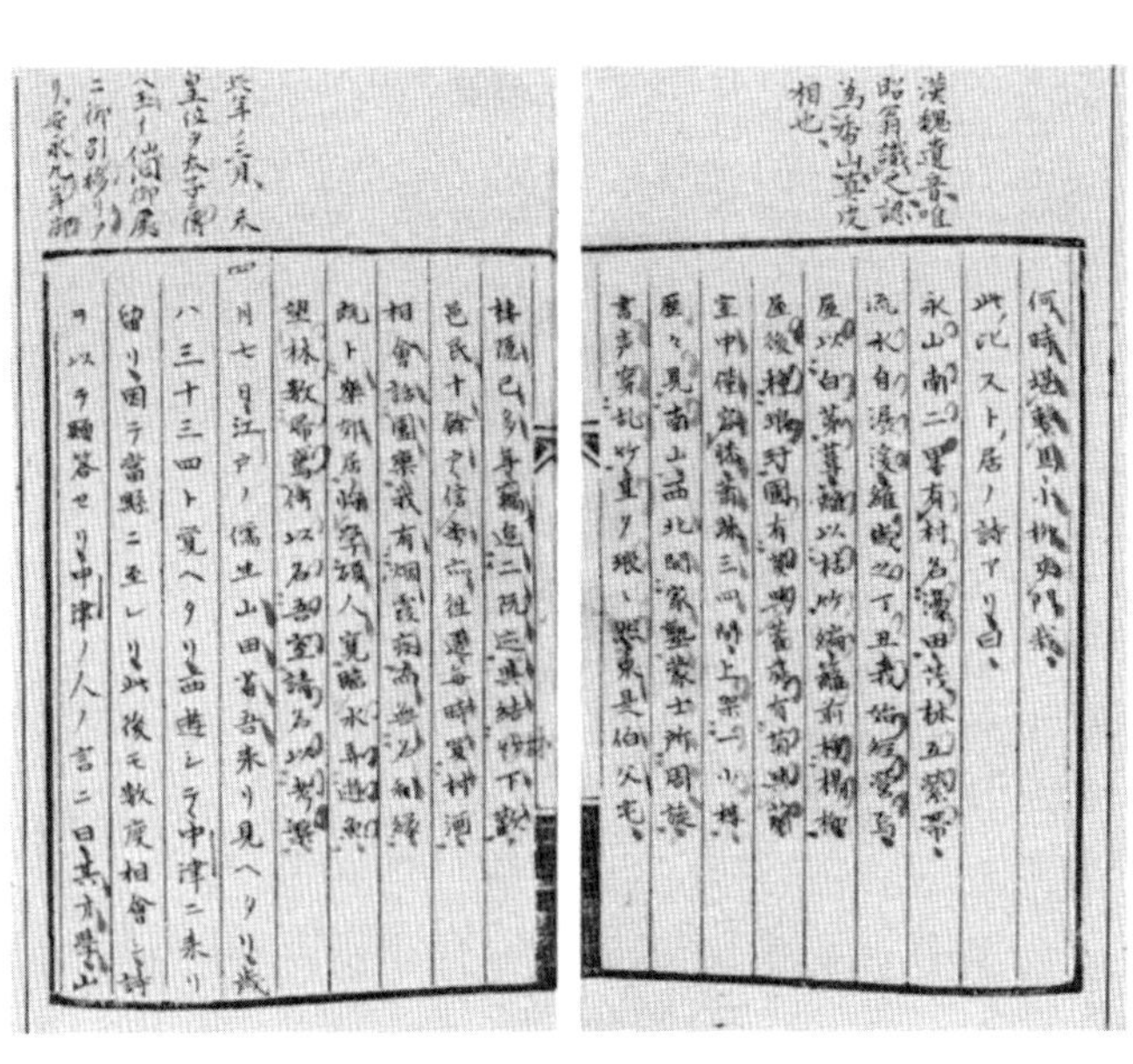

卜居の詩（『懐旧楼筆記』巻19，広瀬本家蔵）

永山の南二里、村あり濠田と名づく。
茂林互に縈(えい)帯、流水自ら潺湲(せんかん)たり。
維、歳之丁丑(ていちゅう)、我始て経営せり。
屋は白茅を以て葺き、籬は枯竹を以て編む。
籬前に楊柳を種え、屋後に琅玕をうゆ。
圃に葵(き)と藿(かく)と有り。庭に菊と蘭と有る。
室中僅に膝を容るのみ。蕭疎たり三四間。
上には一小楼を架し、歴々と

して南山を見る。
西北に家塾を開く、蒙士を周旋する所。
書声乱竹を穿ち、旦夕琅々然たり。
東は是れ伯父の宅、棲隠已に多年。
窃に二阮のあとを追い、共に林下の歓を結ぶ。
邑民は十余戸、歩に信（まかせ）てまた住還す。
毎時村酒を買い、相会して団欒を話す。
我に烟霞の疾有り、而して名利の縁無し。
既に楽郊居をトし、まさに碩人の寛を学ばんとす。
水に臨んで遊魚を弄し、林を望んで帰鳶を数う。
何を以て吾が室に名づけん、請うて名づくるは考槃を以てせん。

咸宜園全施設竣工す

秋風庵隣地の自然の状態、淡窓の新居が家塾とともに同一敷地に建てられ、その居屋を考槃楼と名づけ、ここからの山水の眺望の絶好なことを述べ、さあこれからが、本番の講業を開始することになる、敷地、塾舎、居屋ともに揃って満足であるともいいたげな淡窓の新しい、喜びの感慨が溢れた詩というべきであろう。

四月二十六日、月旦評を作成した。『懐旧楼筆記』巻十八には次の如く、この時期の月旦評のことを追憶している。

名ヲ載スル者凡七十一人也、初予二十四歳、成章舎ニ在ツテ、初テ月旦ヲ作ル、時ニ名ヲ録スル者、凡十五人ナリ、其後追々増加シ、桂林園ニテ塾生三十一人ニ及ヒシ時ハ、月旦ハ六十人ニモ及ヒシト覚ユ。記録ナキユエニ、詳ナルコト知リ難シ。其後ハ、漸々ト減少シテ、月旦四十三、四人ニ至レリ。已ニシテ三、四年来、又漸ク振ヒ、此ニ至ッテ七十人ニ及ヘリ。月旦七十人ニ及フコト、従来ナキ所ナリ。故ニ此ニ録ス。然レトモ、在塾生ハ、猶三十人ニハ満タサリシナリ。

在塾生と月旦評の人数との関係は、月旦評に載せるべき人数は、その月末において、淡窓に入門していて、在籍者となっているもの、塾以外の場所（自宅のこともある）に居住して、毎日受講に往来しているもの、郷里に休暇をとって帰り、しばらく塾を離れているもの等、種々な理由で、在籍しているが、日常的に淡窓の謦咳（けいがい）に接せずにいる門人、条件が好転し、あるいは塾を離れている理由がなくなれば、再び在塾生となることのできる門人たちをいい、月旦評の人数が多く在塾生の数が少ないのは当然である。

この年八月二十四日、淡窓の名を天下に高からしめた詩書名ともなった「遠思楼」は淡窓の二階建ての書斎の名で、はじめ「飛鴻楼」と称していたが、ここに建築が完成し、淡窓はここの楼上（階上）を居室とし、常時ここで、作詩研学をすることにした。後日、『遠思楼詩鈔』巻上に「東楼」なる律詩を載せたが、これは遠思楼の経営完了を喜んでの作詩である。

原震平との詩会

この頃、原震平が、男瑾次郎を携えて日田に来遊し、隈町に逗留していたので、中島益多、館林清記、小関亨等と相会して詩会を行なっている。

二　頼山陽との交遊

文化十五年（文政元、一八一八）、淡窓三十七歳。この年の入門者三十七名が録されている。この正月十日、中島益多が佐伯に帰省した。前述のように、淡窓門弟三千人の中、中島益多を第一とすと常々淡窓はいうことがあったが、『懐旧楼筆記』巻十八には次のように、益多の帰省を悲しんでいる。

中島益多佐伯ニ帰省ス。（中略）益多去々年ノ春ヲ以テ入門シ、此ニ至ツテ、未ダ二年ニ満タズ。然ルニ、学業昇進誠ニ目ヲ驚カスニ堪ヘタリ。去年来、都講トナリ、塾

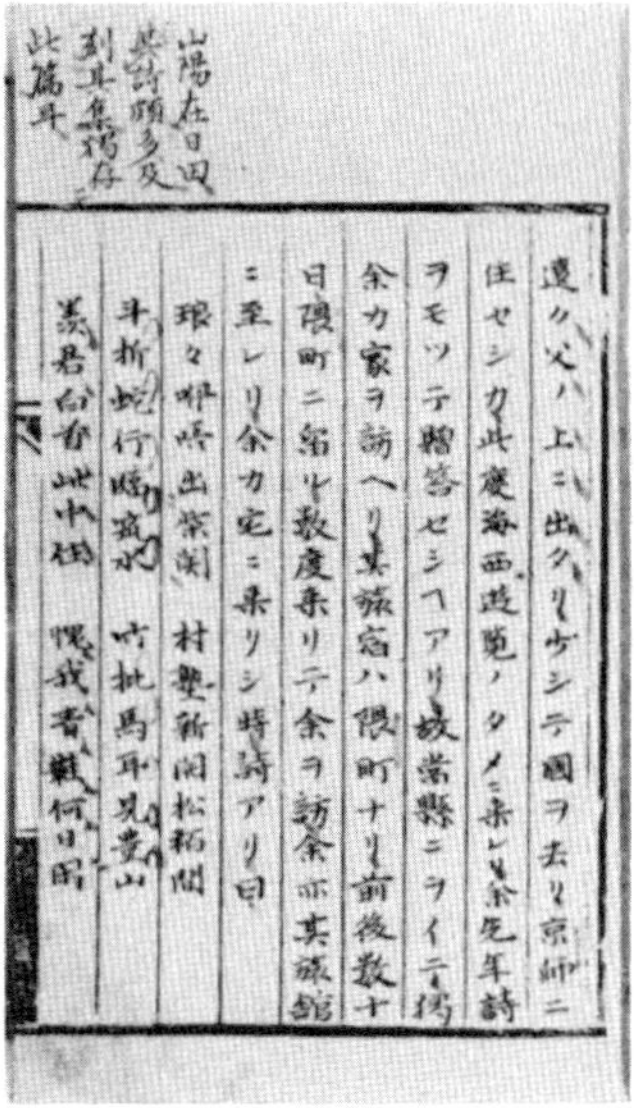

頼山陽の詩（『懐旧楼筆記』巻19）

政ヲ幹理シテ、又其宜シキヲ得タリ。余人ヲ教ヘシヨリ以来、人才此人ヲ以テ第一トス。其帰ルニ及ンデ、殆ド左右ノ手ヲ失フガ如シ。

と慨歎している。

中島益多再遊

ところが益多は佐伯に帰って間もなく（六月）再遊して来た。そして再び都講として、塾政を掌理して、淡窓を助けることとなった（『懐旧楼筆記』巻十八）。

頼山陽との相見

この年十一月、頼徳太郎が来て相見えた。館林清記の誘導であった。頼徳太郎、名は襄（のぼる）、字は子成、山陽と号した。時に三十九歳で淡窓より二歳長じていた。父の春水は山陽地方で聞えた大儒であったが、山陽はその才力遠く父春水の上に出ていた。

幼時に安芸を出て京に住んで学を進めていたが、この度、西海道遊覧のために来訪して来た。先年淡窓は詩の贈答をしていたので旧知の関係にあり、この度の淡窓訪問が成立った。隈町に宿して、数十日滞在した。淡窓を数度訪ね、淡窓もまた旅宿を訪ねたりした。

山陽は淡窓を訪ねて、次の詩一首を作り贈った。

琅々たる咿唔柴関より出づ、
村塾新に開けり松柏の間。
斗折蛇行して筑水に臨む、
竹批馬耳にして豊山を見る。
羨君白首此の中に住む、
愧ず我青蛙にして何日か閑ならん。
且喜ぶ一樽醒酔を与にし、
細く詩律を論じて互に相刪す。

淡窓はのち『遠思楼詩鈔』巻上に載せた次の一首を作って贈った。

頼山陽の来訪を喜ぶ

客有り客有り九州を観る、
赤関西に去て扁舟を放つ。
覇台に邂逅す亀井老、

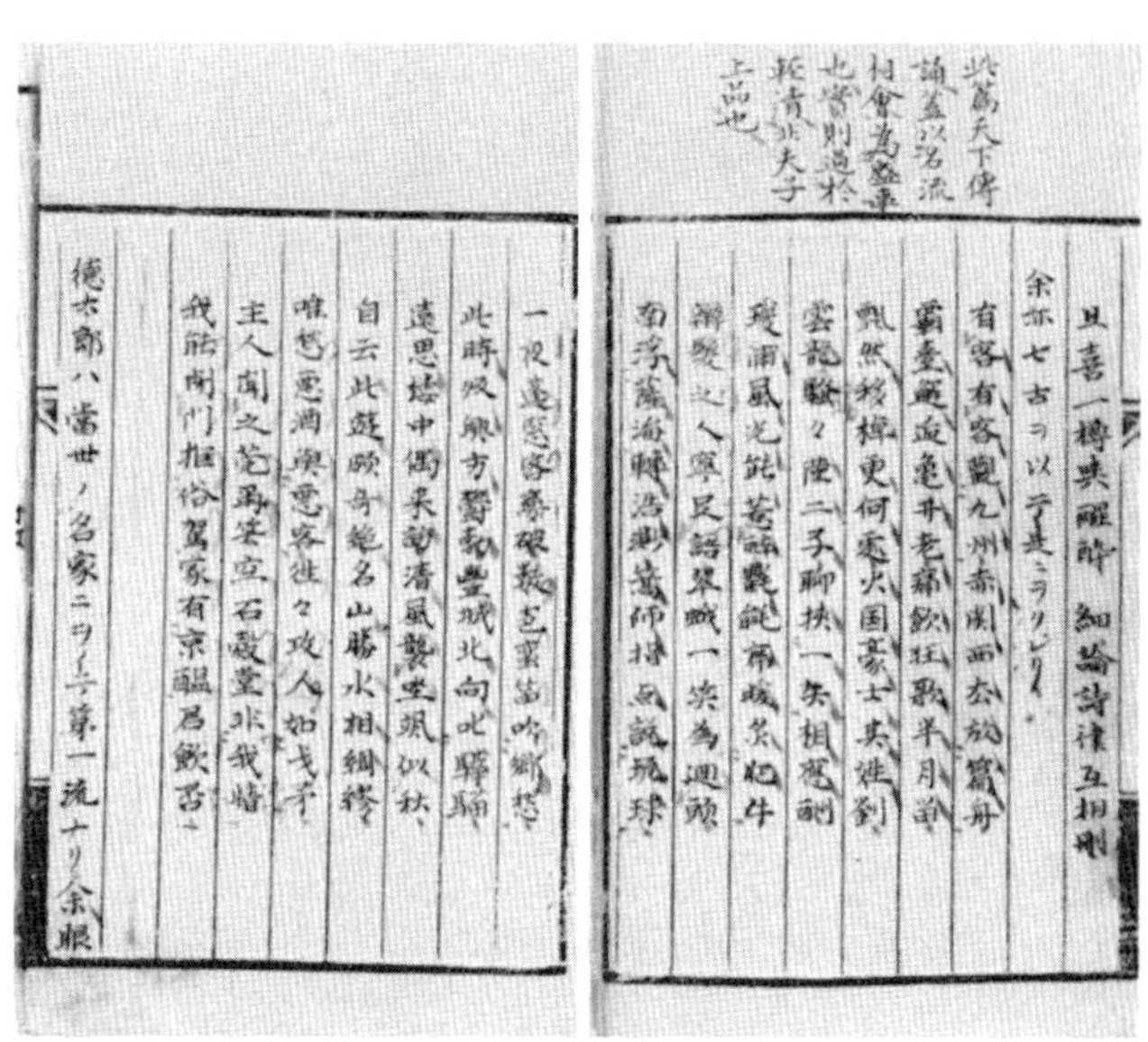

「頼山陽の来訪を喜ぶ」の詩（『懐旧楼筆記』巻19）

痛飲狂歌半月留る。
飄然棹を移す更に何処ぞ、
火国の豪士　其の姓は劉。
雲竜騤々（きき）僅二子、
聊か一矢を挾んで相応酬す。
瓊浦の風光能く酔を惹く、
氈（マヽ）毹席暖る肥牛を炙く。
弁髪の人寧（いずくんぞ）語るに足らん、
翠蛾一笑して為に頭を廻す。
南は薩海に浮んで転じて浩渺
なり、
篙師（こうし）指点して琉球を説く。
一夜蓬窓客の夢を破る、
数声の蛮笛郷愁を吹く。
此時帰るは興方（まさ）に鬱勃たり、

豊城の北に向えば驊騮を叱す。
遠思楼中　偶（たまたま）来訪あり、
清風坐を襲い颯として秋に似たり。
自ら云う此の遊は頗る奇絶にして、
名山勝水相綢繆すれども、
唯だ愁う悪酒と悪客と、
往々人を攻むること戈矛（かぼう）の如しと。
主人之を聞いて莞爾として笑う、
空石、穀堂我が儔（たぐい）にあらず。
我能く門を閉じて俗駕を拒む、
家に京醞有り君飲むやいなや。

三　塾勢の伸張

文政二年（一八一九）、淡窓三十八歳。淡窓は新築の「濠田ノ宅ニアリテ」（『懐旧楼筆記』巻十九）

講業を続けた。この年の入門者は四十三人を数えた。その中に恒遠和市、岡研介の名が見える。恒遠和市は豊前上毛郡薬師寺村の出身で醒窓と号し、文政八年(一八二五)、業終えて郷里に帰り、開塾して、自ら経験した広瀬淡窓流の塾経営に精励し、大いにその名を高めた。その塾をはじめ「自遠館」と称し、後、蔵春園と改称し、豊前一帯では恒遠塾とも称された。完全な咸宜園模倣ともいえる塾で、師風をよく継ぎ、成功した一人である。息を精斎と称し三十八年連続した父醒窓の塾をよく継承した。精斎は同じ豊前の私塾水哉園の塾主村上仏山、咸宜園三代目の塾主広瀬林外、醒窓の弟西秋谷らと特に親交があった。精斎を主とする恒遠塾は明治中期まで機能した。蔵春園の名は蘇東城の詩集に「蔵春塢下桃李(才恭)満門」とあるところから、とったといわれている(井上義巳『福岡県の教育史』)。『懐旧楼筆記』では恒遠頼母が郷里で「郷先生」となって、大いにその名が高まっていることを喜んでいる。

恒遠和市と岡研介

岡研介は、淡窓咸宜園三千人門人の中で、最も代表的人物三人を淡窓自ら挙げた三人の中の一人である(他は中島子玉、僧一圭)。岡研介は周防人、咸宜園の業を了えた後、長崎で洋学を研学した人物で、淡窓は「送圭師序」(『淡窓小品』巻上)で「岡子究は周(防)の人なり。事に従って技を方べ、西洋の学を研究す。(中略)子究は健にして純なり」(『淡窓全集』

「送圭師序」

「送岡子究序」

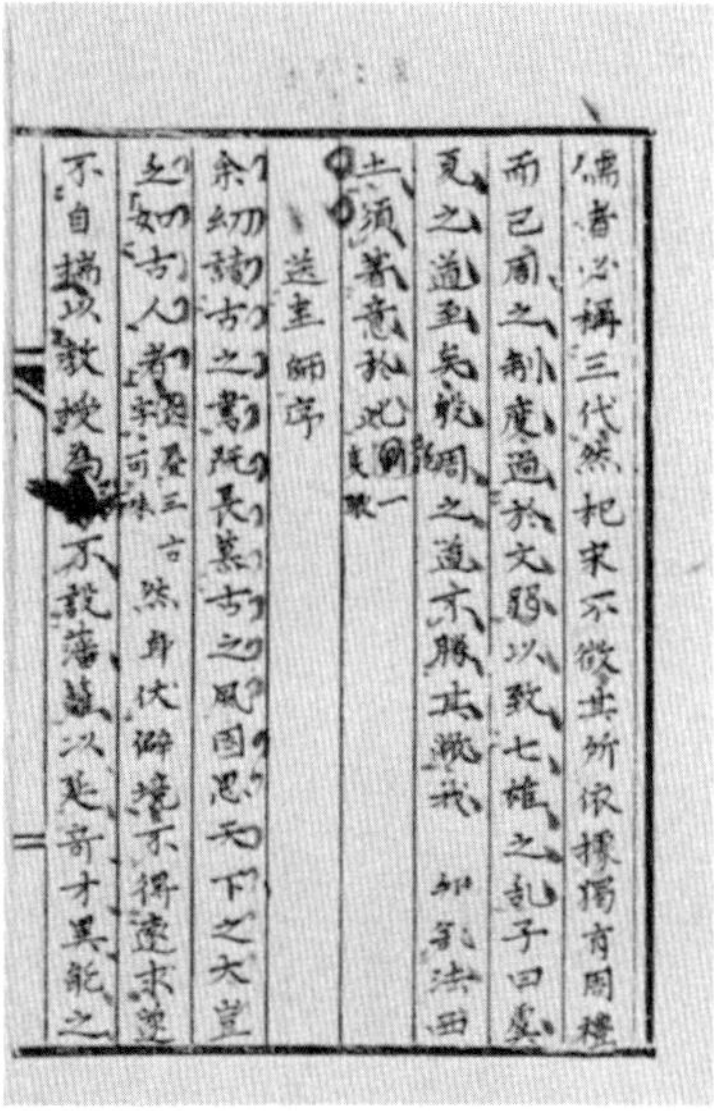

「送圭師序」
（『淡窓小品』巻上，広瀬本家蔵）

巻上）と人物評をした。また「送圭師序」の次に「送岡子究序」を載せているが、この中で淡窓は「岡子究は豈、誠の豪傑ならざらんや。その学に於けるや篤く、信ずる所を開きて固く之を執る。事を行ふや質実にして方、言論明白、日月の皎然たる如し。文辞雄建にして富贍たり」と人物評を詳しくしており、如何に岡子究の将来を期待していたかを記している。

九月五日、在塾生三十七人。約十年前の桂林園時代に在塾生が三十一人に達したことを喜んだが、それ以後、多い時でも二十五-六人に減少していたが、ここに至って、桂林園の最盛時を超えるに至ったことを記している。

中島益多、昭陽門下に入る

この年七月五日、中島益多を筑前福岡の亀井昭陽に入門させた。淡窓の信念として、門人の学業が進んで、小成したら、思いきって昭陽先生に預けて、十分な研学をさせることにし、その旨を師家の亀井家にも連絡しておいた。

諫山安民・小関亨・麻生伊織等が開塾の当初から勉学し、相当な進度に達した時、淡窓は彼等を筑前に派遣したが、中島益多はわが門弟中第一流の人物学才を保持しているので彼に勧めて、亀井塾入門を果させた。

またこの頃、塾生活の規律を少しずつ定め門人の生活の法を立てた。すなわち食事等も、各自で菜を作ることを禁止して、一定時刻に一斉に食事を摂らせる方法等、後年までつづく法を次第に定めていった。

四 咸宜園の完成と塾教育の本格化

前述のように、淡窓の強い念願、すなわち塾舎を移築拡大し、その塾舎に隣接して、淡窓夫妻の居所と書斎を造築して、門弟たちとともに生活し、ともに学ぶことのできるようにしたい、塾舎が狭隘になれば、増築をしてでも入門者を受けとめる、このような理想を一歩実現したのが文化十四年(一八一七)二月の桂林園の移築、居宅の完成、三月十五日の新宅入居であった。居宅はこの年の秋に二階建てを増築し、はじめ飛鴻楼と名附け、

咸宜園玄関の木札（千原夕田筆、『咸宜園写真帖』より）

後に遠思楼と名附けた。しかもその場所は淡窓が二歳から六歳まで伯父月化に養育された堀田村秋風庵の西の畑地を購入してのことで、淡窓として、最も思い出深い、そしてこれからの講業も十分果せる絶好の場所を考えたようである。さて、塾名を新しく桂林園から咸宜園と改めた。

五　咸宜と三奪の法

咸宜園の名称の由来について、淡窓はその尨大な著書、筆記等の何処にも説明していない。あるいは何処かに記録があるか、門人達に口頭で説明し、門弟の誰かが、何かに筆記しているのか、筆者の現在の研究では発見できていない。今迄の多くの淡窓関係研究書には、次の如く説明している。

咸宜園の教育の根本方針

『詩経』の商頌の「玄鳥篇」に「殷、命を受くること咸(ことごとく)宜(よろ)し、百禄是何(ひゃくろくこれなに)」が出典と説明している(『教聖広瀬淡窓と広瀬八賢』昭和四十一年、古川克巳『教聖広瀬淡窓』昭和二十五年、宇都宮喜六『淡窓広瀬先生』昭和四年など)。要するに、この塾名の中に淡窓は自らの門弟教育の目標、教育精神等についての念願、理想をいいあらわそうとしたのであり、事実、それの実現こそ、淡窓塾の稀に見る発展に繋ったのである。

身分社会でありながら、咸宜園は、すべての人に開放された塾であること、如何なる人物も入門して自由に研究できること、入退塾中途休塾など、各自の都合でその希望が受けとめられる塾等々の咸宜園の根本特徴がいいあらわされている。

咸宜園と名附けた淡窓の塾は、どのような教育方法によって、咸宜の理念を実現しようとしたかについて以下少しく考察する。

その第一は咸宜園入門時における淡窓の処置である。第二には入塾した門人の学力増進法についてである。

居住し，淡窓もここで育った。
外時代は和粛堂と各附けられ
同じく大正七年長岡永邨描く。

第一の入門時における淡窓の処置はまさに咸宜園をして天下にその名を広めた由縁のものであった。淡窓の末弟旭荘の長男孝之助は後年、淡窓に子なきを以て嗣子として淡窓に迎えられ、二代目の養子の広瀬青邨に次ぐ第三代塾主として、幕末維新期に咸宜園を苦心して主宰し、明治四年（一八七一）末に上京したまま、新政府に登用され、遂に東京で明治七年、三十九歳の若年で逝去したが、その孝之助林

『灯下記聞』『六橋記聞』

咸宜園東塾　月化が建てて秋風庵は第二代青邨，第三代林塾主の居家となった。西塾図と

外が淡窓の傍で、淡窓の語るを筆記した筆録『六橋記聞』全十巻（一〜三巻は『灯下記聞』と題す）が遺されているが、淡窓の教育と儒学その他思想一般についての自由な発想と発言が記録されており、淡窓の日常における思想と行動を理解する重要資料である。その『灯下記聞』巻二（『淡窓全集』上巻）に、

三奪の法

　我が門に入る者、三奪の法あり、一に曰く。其の父の付くるところの年歯を奪い、之を少(わか)

き者の下に置く。入門の先後を以て長幼となす。二に曰く。其の師の与うる所の才学を奪い、不肖の者と同じく伍さしめ、課程の多少を以て優劣と為す。其君の授くる所の階級、之を卑賤の中に混じ月旦の高下を以て尊卑となす。是三奪之法なり。すなわち、入門の時、自分の年齢の高下をすべて不問に附し、入門時の先後を以て長幼の序と考える。第二には、入門までにどんな師に就いて、如何なる学問をして来たかも一切問わない。ただ塾中において課程の多少を以て成績の優劣を決していく、第三に社会における地位が如何にあったか、身分はどうか等も一切問題としないで、ただ月旦評の高下で尊卑を決めるという方法である。

この年齢、学歴、身分のすべてを奪って、門弟一同が入門時において同一の線に並ばされ、あとは塾中の勉強如何によって優劣が決っていくという三奪の法は、古くは中国禅門で修行を志して入門の時、この三種の人間の世俗における決定的差別の根拠を奪って、仏法の下ではすべての求法者が平等であることを知らしめるため実施したといわれ、咸宜園で淡窓が、これを採用したことは、身分社会に対する挑戦とも考えられる。淡窓の「咸宜」とはこのような怖るべきエネルギーをはらんだものであった。

「咸宜」の実践、「月旦評」

第二の「咸宜」の実践は、月旦評の作成によって、厳正的確に、その門弟の成績を評価して、毎月初めにこれを公表して、各門弟の努力を捉したことである。

後年、郡代塩谷大四郎による咸宜園教育介入（または妨害）の「家難」、「官府難」（『懐旧楼筆記』巻三十、三十二）が勃発したとき、淡窓として、我慢の出来ない一事があった。それは塩谷大四郎による月旦評の改正要求であった。淡窓は「予退隠後モ、月旦ハ自ラ之ヲ造リシガ、此以後ハ謙吉ニ委ネタリ。予此法ヲ始メテ、殆ト三十年ニ近シ。其法、孔明ノ所謂、予心秤ノ如シ。人ノ為ニ軽重ヲ作ル能ワズト云フヲ師トセリ。是ヲ以テ衆人ノ心ヲ服シ策励ノ具トナリ、門下ノ人モ自ラ繁殖セシカ、此ニ至ツテ、明府愛憎ノ私ニ奪ハレ、旧法ヲ失ヒシコト、歎息スルニ余アリ」（『懐旧楼筆記』巻三十二）と記して、自ら純粋私心を捨てて月旦評を行なっていた教育の厳正公平性が、ここにもろくも破れ去ったとの深い歎息を述べているのである。

入門時の三奪の法と入門後の月旦評、この二つが咸宜園の教育の評判を高めていたのである。然るに郡代塩谷大四郎は、咸宜園そのものを代官府の支配に置こうとして、このような介入を遠慮なく淡窓に押しつけて来たのである。

ところで『淡窓全集』中巻に、「以呂波歌」が収めてある。淡窓が門弟の勉学をはげますために作成し、咸宜園で塾生たちの間で口ずさまれていたもの、淡窓が何歳の時の作

「以呂波歌」

塾生の相互勉励

か明らかでないが、全集所収のものは、初校自筆のものを活字化したものと、門人劉新が筆記した写本よりのものが二種登載されている。前者には九箇が抜けていて「以呂波歌」ヨミ人シレス（初稿自筆）と記され、後者は「以呂波歌」苓陽広瀬先生閑余戯文、門人劉新筆記（文久元年写本）とある。淡窓没後数年して、咸宜園塾生が更に勉学に努力すべきはげましが必要となり、作成されたと思われる。勉学のはげましと、門弟相互の扶けあいを奨め、すべての門弟が各自、よきものを保持しており、利鈍は問わないことが詠まれ、咸宜園の開かれた学塾であることがよくわかる。以下、数箇歌を引用する。

（自）は初稿の自筆より、（写）は文久元年写本分。

いつまでも下座に居ると思なよ
　席序の訳を得と知るべし。（自）
六級も七八級も経上りて
　九級に至る人ぞ勇々しき。（自）
初より人の上には立難し
　浮世の様は皆かくと知れ。（自）
入塾の間もなく帰郷する者は

迚も縁なき衆生なりけり。(自)

友多き友の中にも友ぞなき
浮も沈も友によるなり。(自)

類もなき才子と人に言はれても
老たる人の智恵を借るべし。(写)

耕して刈ぬは何の益もなし
中て止るは口惜きかな。(写)

ねんごろに教へ導く友達は
師匠に勝る恩といふへし。(写)

何事もいはぬ斗りか賢人か
人の世話をもするか賢人。(写)

誠ある心で道を学ひなば
貧病も何かさはらん。(写)

詩文章益にたたぬと云者は
道に適はぬ不才子としれ。(自)

するときも鈍きも共に捨難し
錐と槌とに使ひ分けなば。（自）

後でそのことに触れるが、淡窓の、この門人一人一人を大切にし、すべてに特徴があり、その特徴は天与のもので、万人がそれぞれ世のためになるという、「咸宜」の教育理念は、淡窓の中心思想と思われる「敬天」の思想から発露されたものである。

「咸宜」と「敬天」

第五　西国郡代塩谷大四郎正義

一　淡窓、家臣に列せられ用人格となる

塩谷大四郎正義代官の着任

日田代官塩谷大四郎が日田に着任したのは前述の通り、文化十四年九月十六日のことであった。淡窓が堀田村に咸宜園を経営し、居宅、塾舎ともに竣工成って、咸宜園と名附けた新塾が淡窓講業の場所として活動を開始したのがこの年三月であった。

淡窓、代官家臣の列に加えられる

文政二年（一八一九）九月二十二日、父が明府（代官）の使者として淡窓の前にあらわれ、明府の見解を伝えた。それは、塩谷大四郎は現今、幕府直轄地（例えば大坂、長崎をはじめとして全国各地）において、学校を興して大いに民治の実をあげていることに刺激されて、この県（日田）においても、学校を興し大いに民治に心を致して代官としての責任を果したい。就ては現在、咸宜園を経営して、全国各地より門弟を集めて、その教育の実をあげ、その名の高まっている淡窓をわが家臣の列に加えて、代官の家臣としての地位に在って咸宜

園を経営してもらいたい。そうしてしばらく模様を見て学校のことも、淡窓のことも公朝（幕府当局）に報告したいとの意向であった。この時はすでに父三郎右衛門桃秋も賛同していたことで当人は如何に考えるかとの申し渡しに近いいい分であった（『懐旧楼筆記』巻二十）。

淡窓は思いがけない代官からの呼びかけに動転する思いであった。

『懐旧楼筆記』巻二十に淡窓はこの塩谷代官からの命令とも言える見解の提示を受けての自らの心境を詳細に記述している。

予既ニ命ヲ聴畢ツテ、以為ラク、明府ノ尊命、此身ニ於テ過分ノ窮栄ナリ。抑我レ窃カニ察スルニ、明府ノ人トナリ、羽倉三河口諸公ト同シカラス。予ガ不才ナル、必罪ヲ獲ルコトアラント。心中疑懼シテ定マラス。因テ周易ヲ以テ之ヲ筮ス。（中略）予オモヘラク、是レ事不成就ノ占ナリ。然レトモ亦凶ニ非ス半吉ノ象アリト。心疑ツテ決セス。往イテ伯父ニ見エ其思召ヲ問ヒシニ、伯父曰ハク、明府ノ命、縦ヒ悪意ヨリ出ツルトモ、亦避ケ難シ。況ヤ好意ヲ以テシ玉フヲヤ。速カニ命ヲ奉スヘシトナリ。是ニ於テ、其旨ヲ先考ニ答ヘタリ。

淡窓は塩谷の申し出を受けて、官府に附属する身分となることの是非について考えに考えて迷い抜き、ついに周易を立ててまで判断しようとした。伯父月化は官府命に従順であることが大切であることを進言、ましてや父桃秋は淡窓より先に代官に承知する返答をしている。淡窓は咸宜園として塾が大きくはばたこうとしている大切な時期に、官府に近づくことが果して良い結果を生むかどうかについて苦悩する。

この点、その時点で記録した『淡窓日記』(八月十五日条、『淡窓日記』巻十一上、『全集』中巻)には淡窓の困惑と慷歎の気持が卒直に表現されている。

文化十五年(文政元年)八月十五日　放学ス。久兵衛ニ同ジテ官府ニ詣ル。県尹舎人宇都宮某ニ見エテ来意ヲ述ブ。舎人県尹ニ聞ス。告グルニ多事ヲ以テシテ相見エルヲ得ズ。遂ニ属吏村尾市蔵。山本茂平。大玉田新左衛門。飯倉良助ガ家ニ至ル。山本玉田二子家ニ在ツテ相見ユ。初メ予ハ羽倉三河口二君ノ時ニ在ツテ、官府ニ出入スルハ皆已ムヲ得ザルモノアリ。塩谷君ノ府ニ臨ンデ以来。復タ府門ニ入ラズ。自ヲ以テ幸トナス。頃日以来、伯父厳君。皆退老ヲ以テス、前後ニ進見セルヲ以テ衆論ハ以為ラク必ズ一往シテ可也ト。内外催逼シ、是日遂ニ出ル。嗚呼。予ハ山林之士、一毫モ彼輩ニ求ムルモノ有ラズ。彼ガ召シテ往カザルト雖モ亦可ナリ。今ハ招カズシテ往ク。出処之義、之ヲ何ト謂フゾ。抑モ時勢有ル者ニハ如何トモスベカラズ。

亦唯其ノ責任無キヲ願フ耳ノミ。

淡窓の切々たる気概がよく表現されている箇所である。

社会の雑務を離れ、むしろ山林の士として、教育一筋に進んで来た淡窓にとって、官府に招かれずして出頭するなど屈辱に満ちたことであった。しかし、官府との関係の中に家業の基礎を築き、更にその家業の発展のためには、今後も倍旧の良き関係を代官と保持してゆきたい。本家一統は秋風庵月化もふくめて、淡窓に官府と接触し、良き関係を維持していってほしいのが本意であった。淡窓と代官府との関係は、これ以後、淡窓が好むと好まざるに拘わらず、濃密なものになってゆくのは、仕方のないことであった。

広瀬本家一統の代官府に対する態度

この後、咸宜園と代官府との関係は、広瀬本家当主が主として斡旋し、咸宜園側に有無をいわせないものがあった。

さて、淡窓が父桃秋に、官府に伺候することを返事すると、直ちに桃秋は塩谷明府に復命し、淡窓に対しては、すぐ官府に往って、挨拶をすべきことを伝えた。

淡窓、代官と相見す、用人格となる

淡窓はやむなく官府に出頭し、明府に見(まみ)えることができた。

明府内庭ニ於テ相見シ玉ヘリ。仰セニハ処士ニシテ県府ノ臣籍ニ入ルコト諸方ニ類例アリ、予カ妄ニ始ムルコトニ非ス。其心得アルベシト。是ヨリ用人格ニ準セラレ、

宇都宮正蔵カ次席タルへキ由ヲ命セラル。(『懐旧楼筆記』巻二十)

淡窓の予想では官府用人格に準ずるという代官の命令は、多分形式的なもので、塩谷代官(文政四年郡代に昇格)の文教政策上の面目を立てることにすぎないと考えていたようであるが、実際の郡代の淡窓に対する態度は強引なものになっていった。官府への出勤がどしどし要求され、ある時は終日代官府に留まっていなければならなかった。用人格に準じるとの発令があって三日目、塩谷郡代は肥前松浦郡に出張するに当って、淡窓は代官府に行き、玄関の式台に在って拝送させられており、郡代帰館の時もまた玄関において迎えている。「これより以後、送迎皆是を以て例」とするに至ったことを淡窓は筆録している(『懐旧楼筆記』巻二十)。翌月、すなわち文政二年十月中の淡窓と代官府とのかかわりを『淡窓日記』巻十三(『全集』中巻)の記述で調べると次のように頻繁な代官府出頭がなされており、驚かされる。

文政二年十月は八日、九日連続して、早朝代官府に到着、代官の代官府出入の送迎をして、日没後家に帰っている。十一日、十二日は、朝飯終了後急ぎ代官府に到着、送迎の儀をなし、暮になって帰ったが、午飯も晩飯も代官府で取る始末であった。十五日は代官府に到り、代官の前で『貞観政要』を講じさせられ、夜二更になってやっと家に戻っている。

代官府出仕は十八日、十九日、二十六日、二十七日とほぼ三日に一日と頻繁であった。淡窓の予期に反して、このように強引に塩谷郡代に臣従させられてしまった淡窓の心境は想像するに余りがある。

われわれは淡窓の背後から迫って、半ば強制的に、半ば説得しつつ、代官府との関係を保持させていったのは、父三郎右衛門桃秋と伯父秋風庵月化であったことに注目しなければならない。淡窓の筆記、日記等で読みとれることは、いざという時に明確な意見を出して淡窓の俗務よりの逃避の姿勢を叱咤したようである。これは何といっても秋風庵月化こそ、淡窓の幼時の養育者であり、どんなことでも父三郎右衛門桃秋より、淡窓にいいやすかったこともあったであろう。

月化は家督を弟の三郎右衛門に譲ったあとは、秋風庵を根拠に俳諧の師匠として、風流を楽しんでいたのであるが、本来広瀬家第四世として家業の低迷期に辛酸を嘗め、それを通して、家業の発展と官府とのかかわりがどのように重大かを十分に体験していたからこそ、いわば世間知らずの淡窓に直言して、咸宜園の歩みと代官府との関連について意見していったものと考えねばならない。

文政三年（一八二〇）淡窓三十九歳。この年正月は元日から五日まで淡窓は連日代官府に出勤して、用人格としての勤務についている。咸宜園では淡窓塾主時代から林外塾主時代まで一貫して正月二日に開講するのであるが、この正月は、二日朝、朝食前に門弟二人に『論語』と『蒙求（もうぎゅう）』の講を起させ、朝食を終るや急ぎ代官府に向っている。五日間の代官府出仕を終えて、六日は淡窓自ら『世説』の講を起したが、ちょうどこの時、「府君馬ヲ試ミ予ノ門前ヲ過グ。侯迎ヲ失セシヲ以テ府ニ至ッテ謝ス」（『淡窓日記』巻十四、文政三年正月条）。

塩谷明府は淡窓の不意をねらって打撃を与える意図でもあったかと思われるほどの強引な挙に出ている。このためか翌七日も八日も出府している。これでは咸宜園塾主として淡窓の自主性はほとんど守れない状況である。

しかし一方、塾勢は拡大の一途をたどっていた。この年の入門者は六十五名を数えた。そして、二月二十六日作成の月旦評に名を連ねたもの百三人に及んだ。月旦評が百人に上ることとこの時がはじめてであった。四月二十日に至って在塾生が五十四人に及んだ。在塾の者五十人を越えたことを淡窓は非常に喜んで「其盛ナルコト、他塾ニ越エタリ。是世上文学ノ運一変スルノ始ナリ」（『懐旧楼筆記』巻二十）と述懐している。淡窓が青年時代

文政三年の塾勢、二月二十六日の月旦評の塾勢

同年四月の塾勢

に学んだ筑前の亀井塾の塾勢、九州では極めて多いとの評判を得ていたが、それでも二十四-五人位であった。淡窓の開塾時に塾生の多かったものは筑前江上源蔵、豊前帆足万里の塾であった。その亀井、江上、帆足の三者の塾も最も多い時で約三十人であった。この度の咸宜園の五十四人は九州文運一変の兆を見るに足る一大記録である。

このような淡窓の業務、咸宜園経営は、発展に発展を重ねつつあった。このことが淡窓をなぐさめる唯一のものであったことは分明である。

二 「家難」の到来

「家難」とは広瀬淡窓が、その日記および筆記の中で、広瀬家にふりかかって来た特別の難事のことを、「思いがけない一大事発生す」といわんばかりの語調で記述している語句である。それは郡代塩谷大四郎が、自己の管轄領（西国郡代支配地）に学校を興して、民生を厚くし、行政の実を挙げげんがため、前述のように、広瀬淡窓経営の私塾咸宜園の評判まことに高く、門人の数も毎月その数を更新するほどの声望であることに着目し、何とかして咸宜園を郡代府（代官府）支配の学校に移管して、咸宜園の名声を塩谷郡代のものに吸収してしまいたいという願望を持っており、この目的達成のために塩谷郡代が打ち出していく、さまざまな、圧迫、強制、介入等を単に咸宜園としてではなく、広瀬家全体の一大難事として受けとめた淡窓が、記述した語句である。

淡窓日記の『醒斎日暦』巻一（『淡窓全集』下巻）の文政十四年（天保二、一八三一）の四月二十八日の条に、百五十四名（内、在塾生六十三人）の月旦評を改めた記事の末尾に、「夜家難作（オコ）ル。代官府ノ難ナリ」（『淡窓全集』下巻、四六七頁）と初めて家難の語句が見えている。そしていわゆる「家難作ル」の場合、広瀬家一統があわただしく左右する姿が簡単な文章で述べられている。

塩谷代官の月旦評介入

塩谷郡代の月旦評介入の第一であった。郡代がその進級に不当な差別ありとして問題にした茂知蔵とは、塩谷の用人宇都宮正蔵の息子である。塩谷は淡窓に命じて月旦評を提出させ、さらに、分職すなわち月旦評の成績の進度に応じて分担が変っていく塾生の職務分掌の表も併せて提出させ、茂知蔵が分職において前月より上昇していないのを、理由なくして不当の評価をしたものとして、「憤怒ヲ発シ」官府の子弟で咸宜園に入塾している者全員を官府に呼びかえすことにしてしまった（『懐旧楼筆記』巻三十）。淡窓は門を閉じ講義を中止し、咸宜園をあげて謹慎状態に入り、掛屋仲間の最長老である丸屋の千原

丸屋の千原幸右衛門の動き

家難十回

月旦評介入五回

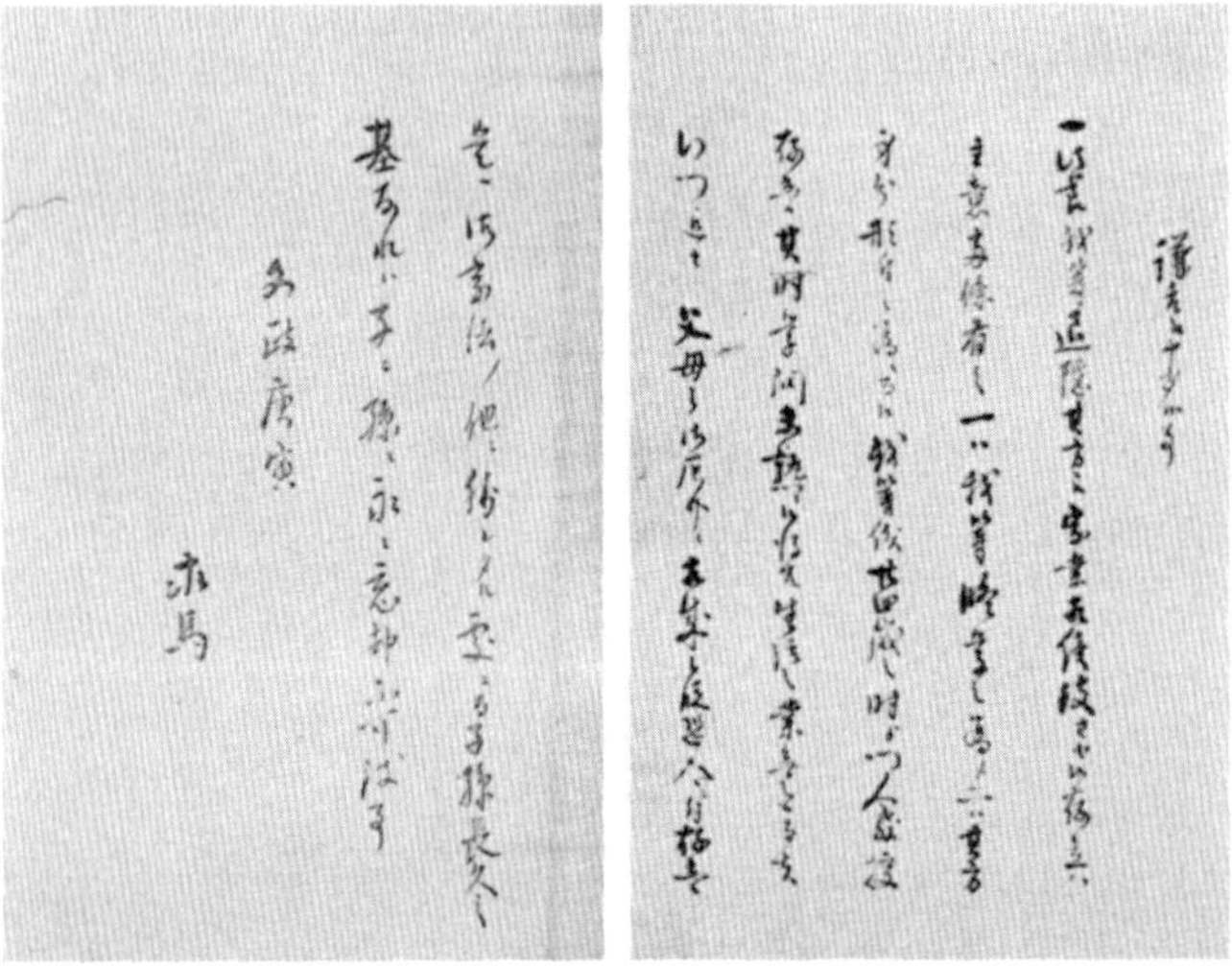

「謙吉へ申聞かせ候事」の首部（右）と末尾（次頁も）（広瀬本家蔵）

幸右衛門が、官府と咸宜園、広瀬家の間を奔走斡旋につとめたが、なかなか塩谷郡代の許容をとりつけることができず、結局、五日間を要して、五月五日節句の賀宴を以て落着した。講業再開は六日であった。

　この天保二年四月の「家難作ル。代官府ノ難ナリ」の記事からはじめて、天保六年八月、塩谷郡代が官命によって東上する直前まで、淡窓自らの記録によると家難は前後十回に及んでいる。そして、この干渉の内容は咸宜園教育の核心であった月旦評作成への介入が五回、塾規則改正強要が一回、入門者の押しつけ二回（そのうち一回は都講就任の

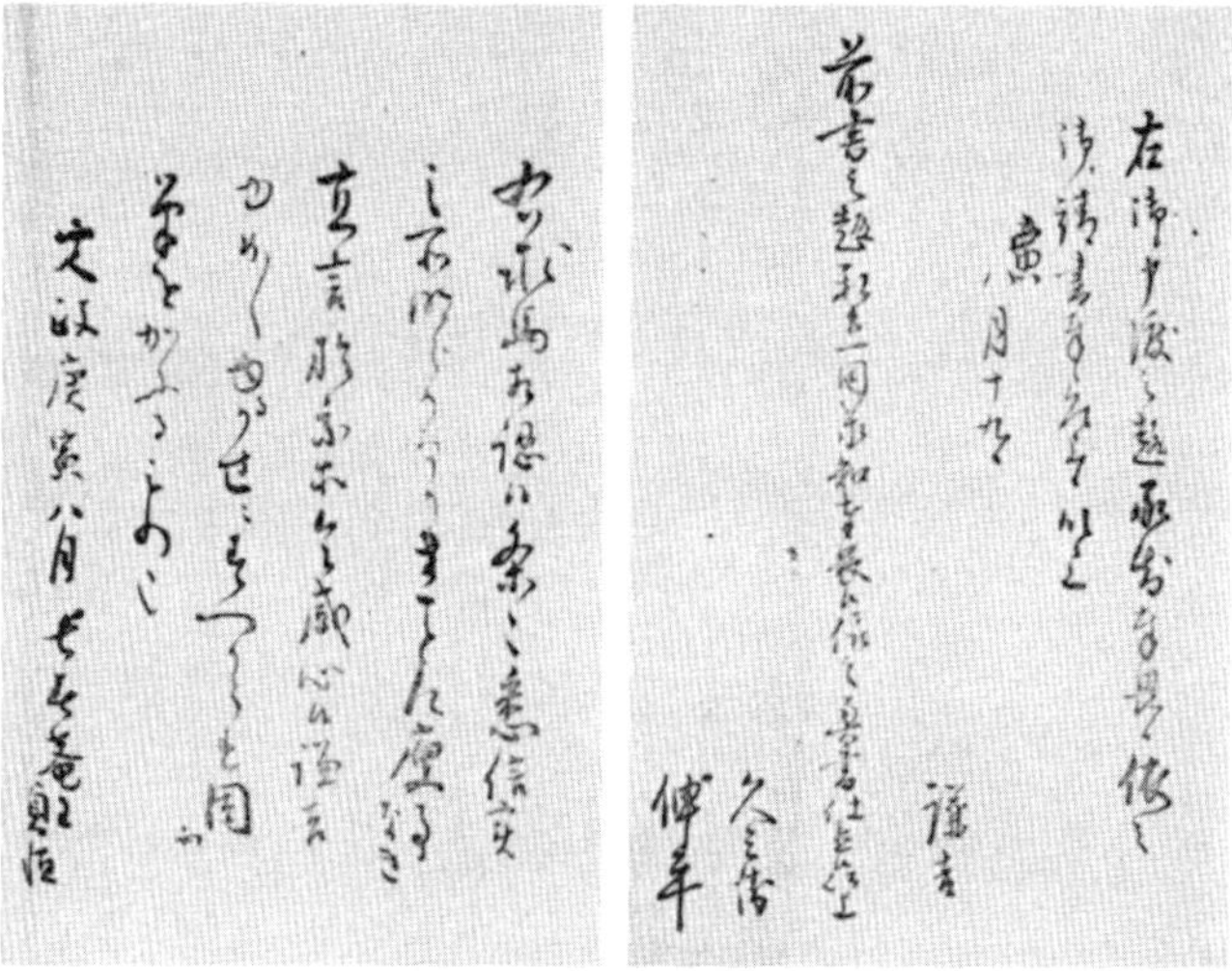

強要）であった。さらに塾生追放要求一回、そして淡窓への塾政復活の要求が一回であった。

塩谷郡代の咸宜園への容喙が始まると、その終結は、何時でも淡窓側の全面降伏、広瀬家の謹慎に終っている。淡窓は歎いて、「是レ塾政攪乱セラルルノ始マリナリ」といい、また「譴責屢々起ル。是レ官府ノ難作ルノ始ナリ」（『懐旧楼筆記』巻三十）とも録している。

塩谷郡代のこのような強引な態度は、一つは咸宜園をもって官府支配下の学校であるとする意識に立って、郡代の権威をもってすれば、咸宜園もまた自由に指図し得るもの、そして、このことを機会があれば実証しようとしていたことから生じたものといえよう。

第二の点として、淡窓自ら述べているように、前年の春（天保元年、一八三〇）三月、塾政を末弟の旭荘に譲り、自らは講業のみに従事して来たが、それは勿論、官府の許可を得た上であった。ところが、このことが思いがけなくも塩谷郡代の咸宜園への干渉を誘いこむことになったのである。すなわち、淡窓が塾政を担当しないのならば、「我謙吉ヲ導イテ、塾ヲ始メシメ、彼ヲシテ父ニ越ユル称アラシメン」といい、これから塩谷の咸宜園直接支配が開始されようとしてきた。「是ニ於テ、塾ノ月旦規約ノ類、仔細ニ検閲シテ、己ガ意ヲ以テ改革セラル」（『懐旧楼筆記』巻三十）と淡窓は咸宜園そのものの崩壊さえ憂慮するに立至った。

淡窓の末弟で淡窓の養子として塾政を継いだ旭荘はこの時、年齢二十五であり、気概があり、また青年覇気の存する以上、塩谷の「其意ニ合ハサルコト多ク」（『懐旧楼筆記』巻三十）、ここに官府と咸宜園の間に緊張がつづいたわけである。そしてその最初の破裂が月旦評への直接の干渉となってあらわれた。

三　塩谷の咸宜園圧迫

天保四年(一八三三)正月九日、「久兵衛来リ府君之命ヲ伝フ。府君オモエラク近来門人漸減スルハ伝家退隠ニ因ル。予ヲシテ再ビ出テ門人ヲ延ベシメント欲ス」(『醒斎日暦』巻五、『淡窓全集』下巻)。

すなわち咸宜園の塾生減少の原因は、淡窓の退隠にあるとし、淡窓が再び塾政をとって、塾勢の回復を計るよう要求して来たのである。咸宜園の衰勢は塩谷郡代にとって、自己の治政の評価に直接かかわることであった。この時淡窓は自分の健康状態の極めて悪いことを理由に、塩谷の命に従うことをしばらく延期したようである。しかしこの年の五月、「先頃府君ヨリ命セラルル旨、黙シカタシ」(『懐旧楼筆記』巻三十三)として、一時旭荘に代って塾政をとったが、その年の十二月には再び旭荘に返している(『懐旧楼筆記』巻三十三)。

塾政を再び旭荘に返す

天保四年(一八三三)十二月三日　塾政ヲ謙吉ニ返セリ。予塾政ヲ執リ、未ダ改革スルニ暇アラスシテ、重疾ヲ得タリ、故ニ諸事謙吉が手ヨリ出タリ。此ニ至ツテ始メテ政

ヲ反スノ名ヲ正セリ。（同上書）

第二回目の塩谷郡代の月旦評への介入は、天保四年正月二十九日のことであった。この年淡窓五十二歳、この年の入門者六十二名が録された。

この時もやはり、塩谷の用人宇都宮の息茂知蔵の取り扱いをめぐってであった。郡代の淡窓圧迫は、月旦評が自分の思うままになっていないとして官府から咸宜園に入塾していた茂知蔵はじめ五名の子弟の総引きあげを命じるに至っている。天保二年の家難と全く同様な仕打ちに出たのである。

塾政が攪乱されること、全く斯様な段階に迄到達したのである。淡窓は、官途の如何にきびしいか、正しいことが通らぬ事に驚愕してしまっている。淡窓は塩谷との正面衝突を回避したく思うことが第一、次には病気発生して、健康極めてすぐれないことを理由に、末弟旭荘を塾主にして、難事の襲来に対処しようとしたのであるが、前述のように、旭荘もまた、塩谷によって翻弄（ほんろう）されることになったのである。

このような状態がつづくとすれば、塾経営も、その根本が破壊されてしまう。淡窓は、『懐旧楼筆記』巻三十二で次のように歎息している。

謙吉二月ノ月旦評ヲ造リテ代官府ニ奉レリ。其昇進旧例ニ従ハス。大抵府君ノ意ヲリ出ツル者、半ニ居レリ。於是事平キタリ。予此法ヲ始メテ、殆ド三十年ニ近シ。其法、孔明ノ所謂、予心如秤、不能為人作軽重ト云フヲ師トセリ。是ヲ以テ衆人ノ心ヲ服シ策励ノ具トナリ、門下ノ人モ自ラ繁殖センカ。此ニ至ツテ、明府愛憎ノ私ニ奪ハレ、旧法ヲ失ヒシコト、歎息スルニ余アリ。

淡窓の歎息は、この時から、翌天保五年（一八三四）にかけての数回に及ぶ月旦評への干渉によって、さらに絶望的な表現が加わっていく。

矢野範治入塾

天保五年（一八三四）、淡窓五十三歳。入門者五十四名を数えた。この中に、後に成績抜群で九級に昇進、都講になった矢野宇三郎がいた。宇三郎は後、範治と称し、淡窓の義子になり、咸宜園二代目塾主となった人物である。

眼疾重し

このころ、淡窓は病疾に苦しんでいた。悪寒、嘔吐、股間の腫物、悪寒発熱、便道閉塞、小便時の大苦痛、腫物の膿潰、足部の腫気、下部の腫れ痛み、眼疾大いに起る、等々の病状が筆録されている。これは淡窓にとって、乙酉の年（文政八年）以来の重症であることを認め、次のように、死ぬかも知れない心配が心中に起っている。

『遠思楼詩鈔』の編纂と上木の決意

余此度ノ病ニ於テ、死ヲ慮ルノ心、大ニ発セリ。病漸ク愈エルニ及ンデ、病床ニ於テ、遠思楼詩鈔ノ編纂ヲ思立テリ。之ヨリ先キ、人多ク詩集上木ノ事ヲ勧メタリ。

然レトモ意トセサリシカ、此ニ至ツテ、其念催セリ。後年上木ノコト、実ニ此時ニ淵源セリ。(『懐旧楼筆記』巻三十三)

広瀬淡窓の名が近世末期に世に広まったのは、咸宜園塾主としての稀に見る教育指導力、教育組織力の面もさることながら、『遠思楼詩鈔』の上梓公刊によって、俳風を加味した淡窓独自の詩の世界に対する世評の高さに基づくといわれる。淡窓が五十三歳の高齢になって、生死が懸念される重病に苦しみぬき、その結果、『遠思楼詩鈔』の上梓が決意されたことは、淡窓の生涯の中で、重大な意味をもつものであった。

しかも、その生死を掛けた重病の最中に、咸宜園をめぐって、次々と「家難」が発生したのである。

塩谷の塾式・塾約の変革の意図

この年(天保五年)五月二十九日、塩谷郡代は、旭荘に塾式二巻を与えたが、それは咸宜園の伝来の規則、塾約を一変させるものであった。『醒斎日暦』巻七の記述は「府君塾式二巻ヲ謙吉ニ賜フ。皆変法之事ナリ」と簡単に、さりげなく記しているが、すべてを変革しようとする塩谷郡代の意図を五字に表現して、これ以上、ふれたくない心境が窺える記述である。『懐旧楼筆記』巻三十四では「府君ヨリ塾式二巻ヲ制シテ、謙吉ニ賜ハル。旧法ヲ全ク変シ尽サンカ為ナリ」と、憤りに満ちた表現で記されている。

月旦評の生命は、公平無私を根本とする。然るに塩谷郡代の強引な措置は、月旦評を郡代の愛憎の感情に立って、変更を命じること多く、そのため塾生達の勤惰、利鈍の評定も公平を欠き、無秩序に落ち込むことになるため、淡窓はやむなく「課程通考」を作成して、塾生たちの真実に立脚しての評定をしようとしたが、官府の命令措置は一私塾の咸宜園としては対抗するわけにいかない強力なもので代官府の措置が常に優先して、私的な「課程通考」は効果がなかったことを「県府ノ公ニ勝ツコトヲ得ス。徒ニ心ヲ労セシ而已ナリ」(『懐旧楼筆記』巻三十四)と無力感に立たざるを得なかった。

「課程通考」

六月二十二日、淡窓が「官府ノ難起ル」との書き出しで、『懐旧楼筆記』巻三十四に筆録した内容は、門人(在塾生)僧真道の追放命令を受けながら、実行しなかった旭荘に対して、塩谷郡代が激怒を発したことであった。淡窓はやむなく真道を退塾させるとともに、門を閉じ、講業を廃し、「諸塾逼密セリ」(『懐旧楼筆記』巻三十四)と表現している如く、塾生たちも逼塞し、官府の次の措置を息をひそめて、見ている状況であった。

事、ここに到る感に淡窓が立ったのもやむを得ない。淡窓は塾生の志気を振起するために、小グループの同志的結合をつくって、官府の圧力に屈せず奮起勉学の気迫を醸成してゆこうとした。『醒斎日暦』(『淡窓全集』下巻)に淡窓は次のように簡潔に記述してい

塾生に小結社を作らせ団結を固めんとす

る。その簡潔さが淡窓の決意を却って強力にあらわしている。

すなわち、天保五年七月二十一日には「日新社」(五人)を興し、宗仙をその長となしたこと、翌二十二日は廻瀾社(四人)が興り、来真が長となり、二十四日には必端社が興り、勲平が長となり、また、三省社(凡八人)も興り、竜信が長となったと記述している。

日新社・廻瀾社・必端社・三省社

ここに数えられる約二十名の者は、塾に在って指導的職務を担って来た者達と考えられる。咸宜園を教育的に組織し、機能させて来た伝来の分職さえも官府が改変しようとするのであれば、右のような高弟達を核とした「結社」によって、塾生の団結と、志気の昂揚をはかるより以外に、塾生の精神的荒廃を防ぐ方法はなかったのである。これはあくまでも内々の結社であったが、外に聞こえることを防ぐことができない。それでも敢えてこのことに踏み切った淡窓の心境は悲壮ですらある。

父三郎右衛門桃秋死去

中島益多の訃報至る、三十四歳

この年(天保五年)、父三郎右衛門桃秋が八十四歳で死去し、また門弟第一等の人物として激賞してやまなかった中島益多子玉も、この年三十四歳の若さで死去の訃報が、佐伯にある父中島幹右衛門より書状を以て到着した。

予カ門生数千、此人ヲ以テ第一ノ英才トス。予嘗テ之ヲ品シテ、其才頼子成ガ下ニ非スト云ヘリ。其人ニ至ツテハ、子成ヨリ賢ナルコト遠シ。措哉。大成ニ至ラスシ

テ没セリ。（『懐旧楼筆記』巻三十三）

この痛惜の記事の次に淡窓は宿病がまた悪化したことを記す。

淡窓宿疾に悩む

廿三日。予宿疾発。漏口痛ヲ生ス。此ヨリ数日病床ニアリ。廿六日ニ至リ、漏口ヨリ出血ス、其色赤黒ナリ。此ヨリ腫痛稍ク減シタリ。（『懐旧楼筆記』巻三十三末尾）

四　『自新録』『再新録』の記述

自己刷新、宿命の打開、運命の好転を期す

この悲痛な状況の中で、しきりに起る「官府ノ難」に対し、このままでは咸宜園の衰亡は目前のものと考えたこと、さらに病気が連続して、何時、どのような療法によれば回復するか全く分らず、内外、難事が襲来し、憂患のことが重なり至り、これに対処するために、一大決意をここに起して、きびしい自己刷新、宿命の打開、運命の好転等、いわば、身命を賭しての決意をする必要を感じ、十二年前の『自新録』に改励を加え、『再新録』を記述して、運命の好転をはかった。この『再新録』の発表は、「功過格ヲ立テ」（『懐旧楼筆記』巻三十五）にあるように、いわゆる「万善簿」の開始を意味する。

「万善簿」の開始

淡窓は『再新録』を発表して、人生と世事に対する一大決意を新たにして、心が安定

『再新録』稿本（広瀬本家蔵）

し、詩作も次々と出来るようになった。筆記に記す、

近日詩ヲ得ルコト頗ル多シ、再新録ヲ著セシヨリ、心志定マル所アリ、妄驚憂スルコトナシ、文思是ヲ以テ発達セリ。コレ自新改励ノ効ナリ。明年詩集ヲ編ムニ及ンデ、今年ノ作最多シ。（『懐旧楼筆記』巻三十五）

淡窓が内外からの難事に迫られ、押しつけられてこれより離脱するための自己刷新の決断をしている最中に、「官府ノ難」はまだつづく。

塩谷代官による都講の押しつけ

淡窓の心をひどく傷つけた他の「難」は、塩谷郡代からの都講の押しつけであった。

芸州の僧来真

天保六年（一八三五）三月二十六日、

此日僧来真芸州ヨリ至レリ。初メ前月ニ当リ、府君ヨリ命アリ。塾ノ都講、其人ナキニヨリ来真ヲ招クヘシトナリ。因ツテ前月二十三日、雄悦ヲ使トシテ、彼ノ地ニ

赴カシム。此ニ至ツテ遂ニコレヲ迎ヘリ。予塾ヲ開キシヨリ、三十年、未ダ嘗ツテ人ヲ地方ヨリ招キヨセテ、塾ヲ治メシメタルコトナシ。且彼人得カタキ才器アルニモアラス、是全ク、府君愛憎ノ私ヨリ出テタルコトナリ。（『懐旧楼筆記』巻三十五）

淡窓の歎息は深い。いうまでもなく、咸宜園の都講は、塾生中第一等の才ある者が精進を重ねて、月旦評の最高位に達した者から選んで以てこれに充てたもので、数ヵ年に一人の都講が出るかどうかという性質のものである。塾主と塾の万般について常に協議し、塾主に代って直接塾生の勉学と生活の両面の監督と指導とに当るのである。この都講の任命は塾主の権限以外の何ものでもないのに、官府がその人事に介入して、全然考えも及ばない人物が外部より導入され、押しつけられることになっては、塾政の乱れは、これ以上のものはないといってよいであろう。

塩谷代官の東上

この年、すなわち天保六年八月二十日、塩谷郡代は幕府の召喚をうけて東上した。日向の西国郡代管轄領の農民の訴えによることが『懐旧楼筆記』巻三十五には記されているが、塩谷東上の理由は、他にこれを説明する資料がないので、実情は不明である。ただ、突然官命によるということは明白である。

塩谷再び西下せず

塩谷大四郎は、二の丸留守居に補され、再び西下しない報せが日田に到着したのが、翌年四月十三日であった（『懐旧楼筆記』巻三十六）。

塩谷治政十九年、功罪相半ばす

淡窓は塩谷治政十九年に及んだこと、その業蹟について、民生を厚くするものと、民力を衰えさせるものとが相半ばしたことを率直に記述している。失政の第一に挙げるべきは新田開発を管内各地に実施したこととしている。この新田開発により「民力尽キ、民財窮シ、万口咀呪セリ。（中略）新田ノ役、民ヲ労スルコト多クシテ、成功ニ及バズ、反ツテ累ヲ後人ニ貽セリ。此ノ一事ナクンバ可也。惜哉」（同書同巻）と記しながら、一方、広瀬家は塩谷郡代に格別の寵遇を受けて、今日の家業の繁栄を成して来たことも記している。永い広瀬家と代官府の関係の中、塩谷郡代時代ほどの恩遇はなく、我家において決して忘却してはならないことも記述している。そして「恨ムラクハ、予カ退隠ノ後、塾政此カ為ニ攪乱セラレ、遂ニ家業衰微ニ及ヒシコト、歎スヘシ」（同書同巻）。ここでいう

咸宜園は塩谷の為に攪乱衰微

退隠とは、天保元年、四十九歳の時、一時、塾政を末弟旭荘（謙吉）に譲り、淡窓は講業のみに従事したことを意味し、家業とは、広瀬本家の家業でなく、淡窓が本家とは別に自己生涯の業として、全力を投入して経営してきた咸宜園経営そのものを指している。淡窓がこれ程明確に、広瀬家家業と、自分の家業を分けて考察し、またそれを記述したことは、これ迄無かった。

要スルニ先考ト久兵衛トハ、寵ヲ得ルコトアツテ、辱ヲ得ルコトナシ。予ト謙吉トハ寵アリ辱アリ。予ハ寵ヲ得ルコト、辱ヨリ多ク、謙吉ハ辱ヲ得ルコト、寵ヨリモ多シ。

と極めて明快に、広瀬本家の人々と咸宜園側の人々との、塩谷郡代に対する関係を説明している。

功過格を立つ、一万善の貫行を誓う

『再新録』を著して、功過格を立て、一万善の貫行を自ら誓ったのが、天保六年八月二日(再新録脱稿の日)、塩谷郡代東上が同月二十日、淡窓の心は、重大決意に向って徐々に動きはじめたようである。

淡窓の心大いに動く

淡窓は次の如く、心境の定っていく状態を述べている。

近日詩ヲ得ルコト頗ル多シ。再新録ヲ著セシヨリ、心志定マル所アリ。妄ニ驚憂スルコトナシ。文思是ヲ以テ発達セリ。コレ自新改励ノ効ナリ、明年詩集ヲ編ムニ及ンデ、今年ノ作最多シ。

これは同年九月十八日の『懐旧楼筆記』巻三十五の記述である。塩谷郡代の再西下が無いとの報せはまだ届いていない。しかし、塩谷が突然官命により日田を発って東上したことは、淡窓にとっては、心境が一変していく一つの機縁となったようである。この

眼疾大イニ動ク
筆硯を遠ざけ薬餌のみにす

年の十一月五日の『懐旧楼筆記』巻三十五には、持病の眼疾が「大ニ動ケリ」を記し、冬になると眼の病が悪化することを歎き、「八、九月以来、自新改励ニ因ツテ、筆硯頗ル意ヲ得タリシガ、是ニ至ツテ之ヲ擲チ、専ラ薬餌ノミニ日ヲ送レリ」と述べ、眼病の苦しみを述べるとともに『再新録』の著述によって、実は大いに発奮の心境がおこったことを述懐している。

五　淡窓塾主復帰

武谷祐之入門
『南柯一夢』

さて天保七年（一八三六）淡窓五十五歳。この年、筑前より武谷祐之が入門している。祐之は亀井昭陽の門下生であったが、咸宜園に志を立てて入門し、勉学優れて、九級下に昇進した時、都講に任命されている。後述のように祐之の筆録『南柯一夢』は、咸宜園での生活と勉学の状況をつぶさに記述しており、咸宜園の研究にとって絶好の資料となっている。

淡窓塾主に復帰

四月一日、旭荘に代って、再び塾主となり、塾政を執ることになった。これは前々から話がなされていた旭荘の東遊が、漸く近く実現することになり、淡窓が再登場することになったのである。勿論官府の諒承を得た上のことであった。

塩谷西下せずの報せに日田の人心洶々たり

前述のように、塩谷郡代が二の丸御留守居に任ぜられて再び日田に戻らない報せが到着したのが、この月十三日であった。この報せは官府及び日田一円にある衝動を与えたようであった。淡窓も「此日府中ノ人皆悵然タリ。主人ヲ失ヘルヲ以テナリ。吾輩ト雖モ、亦感歎ナキコト能ハス。新令何人タルコトヲ未ダ知ルヘカラス。人心洶々タリ」（『懐旧楼筆記』巻三十六）と述懐している。

淡窓の塾主復活は、思いがけなくも時宜を得たことになった。

来真大帰す

第一に『再新録』執筆により、自己刷新、運命の打開の決意を新たにした時であり、第二に『再新録』の著述により思いがけなくも詩文の作成にも力が入り、いわゆるやる気十分の気持になって来ていたこと、第三に塩谷郡代の西下が無くなり、今迄、旭荘ともども苦しみに苦しんだ「官府ノ難」も起りえなくなったこと、第四に塩谷郡代から押しつけられやむなく都講に任じた僧来真が塾を去って大帰したこと、彼は官府に出入して郡代の意に沿うことばかりする知術に長けていたが、その学才に乏しく都講たる器量の持主でなかったのに、郡代の意を受け入れて都講に任命していた当人が大帰したことは、淡窓にとりまことに厄介払いになり、喜ぶべきことであった。来真が大帰したのが四月十二日、塩谷郡代に西下なしの報が入ったのが翌十三日で、淡窓は、これでやれる、塾の復興ができると判断したにちがいない。

咸宜園西家に居を移す

淡窓は自らの責任を果すため、早速次々と手を打っていった。

春秋園

まず塾主に再び返り咲いて一月を経ない四月二十四日、咸宜園西家に居を移した。これは咸宜園諸塾を管領するためであった。「此節ニ至リ再ビ東西家ノ主人トナリ、又学生ノ師トナレリ。此頃ヨリ長春庵ヲ改メ春秋園トス」(『懐旧楼筆記』巻三十六)との表現には淡窓の意欲の充ちていることが窺える。そして七月に入ると塾政の要務として後年までつづけられた「前定録」「検奢考」の二つを制定した。

「前定録」「検奢考」の制定

「前定録」は門生の学費負担力の有無を検することであり、後者は月末においてその月の学費の使用状況を各人ごとに検することであった。これらは塾生の生活を引きしめるとともに、咸宜園全体の経営を安定させる作用を果すことになった。

亀井昭陽死去

この四月十七日、恩師亀井昭陽が死去したことを、昭陽の子鉄次郎より報せて来た。淡窓は昭陽が自分を厚く遇し、あたかも知己の如く親しくしてくれたことを「長ク忘ルヘカラザル者ナリ」と述懐し、「先生ノ学術行事、遠ク其父ノ上ニ出テタリ。然レドモ、世上ノ名誉ニ至ツテハ、父ノ半ニ及フコト能ハス」と述べ、著述数百巻に及ぶのに上梓

して世に伝うる者が一二も無いことを、嗚呼惜哉と歎いて、

既ニ官途ニ不遇ニシテ、文園ニ於テモ、亦意ヲ得ルニ至ラス、何ソ其遇ノ蹇剝ナルヤ。但シ後来其著述多ク上木シテ、世ニ布ク時アラハ、必天下後世ニ於テ公論アルヘシ。先生、今年六十四。（『懐旧楼筆記』巻三十六）

と記述している。

筑前の大儒亀井昭陽は父南冥より抜きんでた儒者であるのに、筑前福岡の地は、亀井家を好遇せず、あらゆる点で世に認められず不遇であったことを惜別の情を以て記している。

この年七月十五日現在の塾勢を『懐旧楼筆記』巻三十六で次のように記している。

在塾生合シテ二十八人ナリ。十二年前、塾勢百十三人ニ及ビシコト、尤モ盛ナリトス。其事已ニ前ニ出セリ。其年大病ヲ得テ、生徒離散シ、且又近国ニ門戸ヲ張ル者、競ヒ起ルニヨツテ、在塾ノ者減省セリ。然レトモ、塾生多キ時ニ七八十人、少ナキモ亦三四十人ナリ。三十人ヨリ減スルコト、十四五年来ナキコト也。故ニ之ヲ録セリ。今年俄ニ衰ヘシハ世上ノ流言ニ由レリ。今夏謙吉東遊スルニ由ツテ、遂ニ其説ヲ構ヘテ曰ハク、小広ハ已ニ去レリ。大広ハ老病ニテ少シノ業ヲモ講セス、塾生一

人モ存スル者ナシト。人多ク其ノ言ヲ信シテ、来リ学ブ者ナシ。是皆他邦ノ儒先、我門ヲ傾ケンカ為ノ奸計ナリ。加フルニ今秋大凶年、入学ノ者モ、是ガ為ニ困メラレテ、遠遊スルコト能ハス。塾生益衰ヘタリ。

小広すなわち謙吉、大広すなわち淡窓、ともに講業せず、故に咸宜園には門人なしの風評が、悪意に満ちて広まり、まさに咸宜園は危機に陥ったといってよいであろう。淡窓の塾主再就任は、このような最悪の時期になされた。

「丙申改正規約」「告諭」

ついに淡窓は塾の活性化をはかり、塾生が奮起一番するために、十一月十日、「丙申(天保七年)改正規約」を制定して門人に示すとともに、「告諭」の文を造って門生を諭した。前にも触れたように、「予退隠ノ初ヨリ塾政大ニ変シ、衰敗ニ及ヒシコト已ニ前ニ録セリ。今年再出シテ、塾政ニ任スルニ及ンテ、更張ノ志アリ。此ニ至ツテ始メテ此挙アリ」。

古賀穀堂の訃報至る

肥前佐賀藩儒古賀穀堂の没が報されたのはこの頃(十一月十七日)であった。

天保八年(一八三七)、淡窓五十六歳。この年の入門者二十六名が録された。後年九級下まで昇進して都講となって塾のため働いた劉石舟の長子、三郎が入門したのもこの年であった。

この年元旦、筆始めに詩を賦した。体調が良好であったのであろう。

客冬ハ雨雪多ク、
新歳ハ尚氷霜アリ。
道フコトヲ休メヨ梅花晩シト、
終ニマサニ艶陽ニ綻バントス。

新代官寺西蔵太

九月二十二日、謙吉が東遊より帰省した。そして、新代官寺西蔵太の日田到着を迎えるため、淡窓は謙吉と門弟たちと筑前甘木まで出迎えた。十月、寺西代官から、淡窓と謙吉に、塩谷代官と同様の待遇する旨申し渡しがあった。

天保九年

天保九年(一八三八)、淡窓五十七歳。五十九名の入門者が録された。この年旭荘謙吉は再び東遊の途に上った。諫山安民・麻生伊織等と共に淡窓講業の始より淡窓に就いて修学した加峯皤梁が死去した。咸宜園西家を彼に貸しており、淡窓と往来頻繁の仲であった。この人、特に詩に優れており、後年『宜園百家詩』を編纂した時、彼の詩を巻首に収めたほどの人物であるが、五十一歳で死去した。淡窓は「嗚呼哀哉」と哀惜の語句を彼に呈している。

六　『宜園百家詩』の編纂

『天保三十六家絶句』中に淡窓の七絶二十五首が採られた

五月十四日『天保三十六家絶句』の中に淡窓が選ばれた。七絶二十五首が採られていた。淡窓は、世の名流の中に選ばれたことを喜んでいる。前回の『文政十七家絶句』には、九州の詩人では竹田（ちくでん）のみが選ばれており淡窓は入っていなかった。

『宜園百家詩』二巻編集

六月六日『宜園百家詩』二巻を編集した。収むるもの、詩人六十余人、詩三百余であった。

『遠思楼詩鈔』官許を得る

同月十四日、旭荘の書が大坂から来着した。その中に、淡窓の『遠思楼詩鈔』が官許を得たこと、そしてその詩集は、菅茶山・頼山陽を抜いて世に流行していることを伝えた。淡窓は「顧フニ、予何ノ徳アツテ此虚誉ヲ得ルヤ。畢竟朋友門生ノ悠揚ニ因レリ。門生ノ多キコト、余カ塾ニ如クハナシ。詩集ノ流行、実ニ其力ヲ得ト思ハル」と回顧している（『懐旧楼筆記』巻四十）。

「析玄」脱稿

十月十六日「析玄」を脱稿した。淡窓は『析玄』の大意を、「大意老子ノ旨制数二字ニ帰スルコトヲ明ニス。是古人未発ノ説ナリ」と解説している（『懐旧楼筆記』巻四十）。また、

「約言」は三回改作

天保辛丑新刻
宜園百家詩初編
浪華書林　群玉堂梓

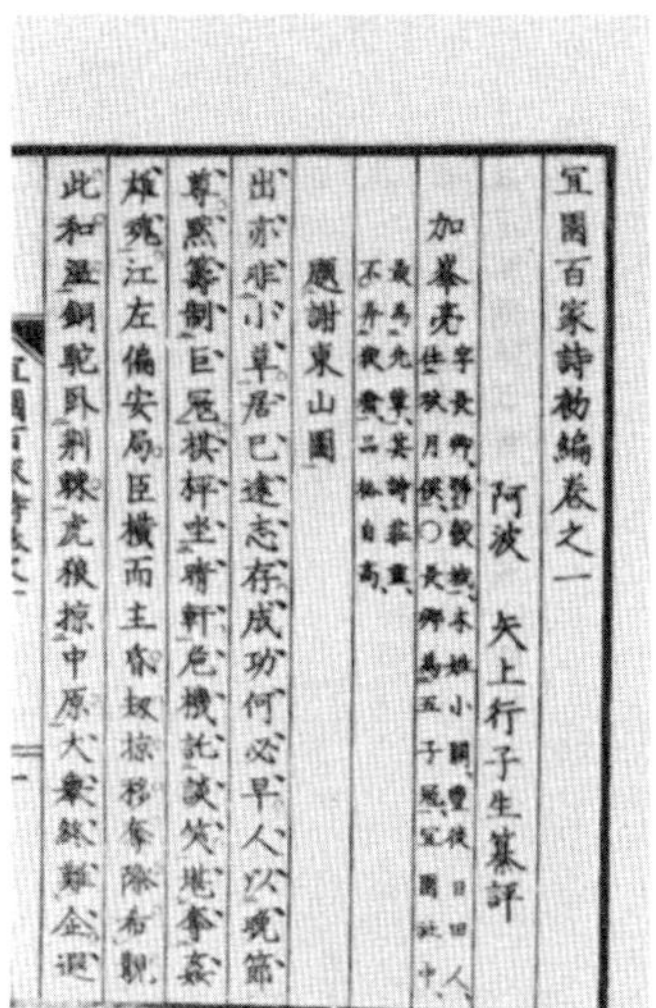
宜園百家詩初編巻之一
阿波　矢上行子生纂評
應謝東山園

『宜園百家詩初編』刊本（広瀬本家蔵）

「約言」の場合は三回改作したが、『析玄』は唯一回の稿で終ることができたと喜んでいる（同上書）。

　十一月二十六日の月旦評には、謙吉が浪華で開塾したその門生二十五人を、その中に入れた。これは双方大いに励ましあうがためであった（同上書）。

　天保十年の入門生の中には、入門後勉学に努力し、ついに都講になった山口良蔵も、肥前から韓介石の名で入門した。英彦山の修験道の行者、役観道、役令衍の二人が山を下って入門して来た。英令衍の父は清衍で旧門生であった。英彦山からしばしば入門者が出ているが、父子二代、また二人同時の入門も珍しかった。

後に淡窓の養子になって塾を継ぎ、第三代林外出現まで塾政を見た矢野範治（青村）がこの頃成績抜群で都講になった。

月旦評の制改正

月旦評無級より九級までの十段階となる

この年三月二十六日、月旦の制を改制した。今まで最下級を無級とし、その無級を入れて九階級であったが、この度の改制で、無級を最下級、その上を一級から九級まで、合計十階級に分けた。三十年来の制を改めたのは、数は九を以て限とするので八級を限りとするのは理に合わないので、このように改めた。今後、この改制の制をずっと適用することになった。

『遠思楼詩鈔』を浪華で上梓する時、危険を顧ずに一手に引きうけて、大いに世に弘めるに功あった浪華の書林河内屋茂兵衛が、長崎旅行の途次、立寄ったので、大いに饗応することがあった。

九年前、長春庵の東に小さな二階建ての増築をし、階下を淡窓といい、階上を醒斎と称して書斎にしていたが、それから二年後にまたその南に増築をして、南塢、北塢と称していたのを、合体して、使用に便をはかった（『懐旧楼筆記』巻四十一）。

岡研介の訃報至る

淡窓が咸宜園門生数千人の中から三人を挙げる時、その一人であった岡研介の死が報ぜられたのは、天保十一年四月二十八日のことであった。淡窓は先きに中島子玉の死の報せに慟哭したが、この度も、悲歎に陥った。筆記に記すことは次の通りである。

此日（四月二十八日）岡研介カ死スルコトヲ聞ケリ。歳四十一ナリ。久シク狂疾ヲ発セシカ、終ニ愈ユルコトヲ得サリシナリ。此人蘭学ヲ研躬シテ、少年ノ時ヨリ、已ニ一世ニ知ラレタリ。性モ亦極メテ質実方正ノ人ナリ。斯人ニシテ、斯ノ疾アルコト、命ナルカナ。（『懐旧楼筆記』巻四十二）

「命ナルカナ」

と筆記し、これもまた、命であったのかと、自らをなぐさめている。

五月八日、寺西代官の嫡子直次郎が江戸より日田に到着する予定を聞いて、筑前甘木まで迎えに出た。淡窓に同行したのは範治・成規・深了の三人で、他に僕一人が従行した。甘木は日田より筑前方面に向う時のちょうど中間地点であり、甘木を目的地とする場合、筑前把木近郊の久喜宮（くぐみや）が、中途の休息所として、淡窓の筑前行の記録には今迄、必ず出てきた場所である。代官府に到着するや、その外廳で慰労の宴が持たれた。

七月七日には大坂の謙吉から書簡が届き、彼の地で大いに活躍している様子を知る。特に内藤丹波守（大坂城御加番、二万石）に親しく交わっていることが知らされ、内藤丹波守は淡窓も旧知であり、「我父子、諸侯ノ面ヲ見ルコト是ヲ以テ始トス」（『懐旧楼筆記』巻四十二）と記している。

七　「迂言」の脱稿、月旦評改制

「迂言」稿成る

八月二十八日、「迂言」を脱稿した。「迂言」は『淡窓六種』の一で、特に淡窓の経国思想を述べたもの、諸侯に読まれることを期待して著した。事、経済、経国に及ぶ内容となったもので、世に憚って、編著者の名が記載されていない。『懐旧楼筆記』巻四十二においては二巻凡九十葉より成ると記しているが、内容は六編より成立っている。国本一、君道二、禄位三、兵農四、学制五、雑論六に分かれている。「肥ノ大村侯、予ノ大津侯、皆之ヲヨミタマヘリ、又今ノ白河侯ハ大村侯ノ弟ナリ。其ノ臣ノ話ニ、侯此ノ書ヲ以テ仙石侯ニ送リ玉ヘリ、伝言アリケルハ、以後此書ノ旨ニ因リ玉ハバ、先年ノ如キ乱ハ生ズマジトナリ。其ノ臣ヨリ謙吉ニ其ノ事ヲ語レリ」（『懐旧楼筆記』巻四十二）と淡窓は、諸侯が相当此の書を読み、経国の参考にしていることを喜んでいる。

月旦評改制
真権の制

この年九月二十一日、月旦評の改制を行なった。すなわち、月旦の各級に真権の制を設けた。月旦評は先年の改革によって、無級から九級までの十段階、しかも一級から九級までの各級とも上下に分かれているので結局十九段階となっていた。真権というのは、各級とも課せられていて、読書（素読）何々、詩文何々と学科課程が定められており、会読・輪読の外、厳格に句読が点検されて、各階級の全課程を終了するまでを権と称し、全課程が全部満足すると権が消えて、真となりそしてその上級に向って進むことができた。消権という言葉が、咸宜園生の研究の中に何時も使われていたが、全塾生、消権のために懸命の努力をすることになった。つまり、試業と称せられる試験の外に、課程修了という、各級毎の緻密な学科課程を修得しなければ、昇進できない制度で咸宜園の教育の充実となった。

八 玖珠出遊

この年十月、淡窓は愛弟子祐之、範治、劉石舟及び弟伸平等と、玖珠の麻生家訪問の出遊を決行した。玖珠の麻生家は玖珠の地の豪家で家号を舟来（フナコ）と称し、医家であった。淡窓の伯父月化の娘イサが日田隈町の相良文之進に嫁し、清記・伊織・リョウの二男一女が生れ、文之進死後イサは子女三人をつれて、父月化の家（秋風庵）に戻って、月化が彼女等を養ったことは既述の通りである。

伊織、館林家より麻生に養子に入る

二男の伊織がこの玖珠麻生家に養子として入った。麻生家の当主は春畦と称していた。この伊織は入門簿の第一号の人で、淡窓開塾の当初より淡窓の傍で成長し乍ら学業をつづけた。淡窓愛顧の弟子であると共に、麻生家に養子として入った後も、淡窓は親交をつづけていた。

伊織に淡窓妹ナチ嫁す　長男勲平

その妻として淡窓の妹、ナチが嫁ぎ、その間に長男、勲平（君平）が生れ、後年、咸宜園に入門した。淡窓の日記、筆記にしばしば、伊織、ナチ、勲平の名が出ている。

劉石舟は当時、合谷左膳と称していたが、やはり玖珠の出身で、この玖珠出遊は、石舟の奨めであった。途中石舟の家に一泊し麻生家に到着すると、妻も妹も下男を供に到着した。門弟の僧五岳もまた前日より日田を立ち、途中で淡窓と合流した。

淡窓はこの時の玖珠出遊を大いに楽しみ、五十五年前に一度、この地方に旅したことを思い浮べ詩を作っている。これは『遠思楼詩鈔』第二編上に収められている。

竜門寺の滝の詩成る

また、春畦・伊織の案内で、有名な竜門寺の瀑布を観る。詩作あり、

幾条白練掛層嶺　纔到半復滙成淵
渾渾浩浩呑還吐　更為飛雨落中天

天設此境定何意　応嫌径直少風致
故作迂計誇世人　堪知造物亦好事
我来振衣立岸隅　欲酬奇景一句無
不知驪竜眠何処　但見濺沫湧如珠

幾条もの白練層嶺に掛かり、纔に半復に致り滙まって淵を成す。
渾渾浩浩として呑み還た吐き、更に飛雨を為して中天より落つ。
天の此の境を設くるは定めて何の意あらん、応に嫌ふべし径直して風致少くを。
故より迂計を作して世人に誇る、造物亦た好事なるを知るに堪ゆ。
我来りて衣を振ひ岸隅に立つ、奇景に酬いんと欲して一句も無し。
驪竜の眠何処なるかを知らず、但だ濺沫湧くこと珠の如きを見るのみ。

十月十四日、玖珠の麻生家を発ち、途中往路と同じく石舟の家に一泊して、十五日夕刻塾に帰着した。

淡窓はこの玖珠行を喜び次の如く感慨を述べている。

此度玖珠行ハ、事ニ役セラルルニ非ス。自己ノ遊観ノ為ナレハ、誠ニ二十年来ノ雅興ナリ。至ル処門生多ク、拝送候問、其慇懃ヲ尽セリ。殆ント巡見上使ノ通行スル

カ如シ。是レ過分ノコトナリ。(『懐旧楼筆記』巻四十二)

この年、在塾越年の門生、範治をはじめとして三十四名に達した。過去五年以来、在塾越年者は多くて二十名で、この年は盛大であった。在塾越年者の多いことは咸宜園の勢を示すもので塾勢好調のしるしであった。

伊織末子綱次郎入塾

天保十二年、淡窓六十歳。この年玖珠麻生家の伊織の末子綱次郎が入門した。

二月十七日、麻生伊織夫妻が玖珠から来たので、本家の西家(もと謙吉が住んでいて、現在空いていた)に居住した。この時、伊織は家を長男勲平に譲って、隠居していた。伊織夫妻の隠宅も完成し、方角の宣しい時季まで日田に居住するという。この時、次男の綱次郎が咸宜園に入門した。淡窓は塾生中、医を業とする者がいるので、その者達に対して、伊織に委嘱して医書を講じさせた。

三月十日、都講だった範治が豊後に大帰する意を示したので、都講の職を解いて、しばらく閑居させたが、範治は塾政の枢要については、愼治とともにこれにあたった。

七月九日、謙吉が浪華より帰省した。門人二名が従って来た。謙吉も四年目の帰省なので、門人ともども、宴を設けた。謙吉に対して、肥前大村侯が招聘しようとの話が持ち上ったので、その事の協議のための帰省であった。ちょうどこの時、かねて謙吉に託

『宜園百家詩』刻成る

していた『宜園百家詩』が刻成って、謙吉が数百部を持ち帰ったので、淡窓はこれを塾生及び関係諸方に配布した。

九　馬関行

謙吉を見送って馬関遊行の計画

八月二日、謙吉が浪華に帰るのを送って、赤馬関までの旅行を計画。塾政は慎治と祐之の二人に託し、範治は従行し、浪華より謙吉がつれて来た真島・荒川の二人の門生も同行、計五人の旅行であった。

豊前田川郡添田

英彦山の全容

まず、日田より山田原までは、塾生たちが見送りに従行し、山田から大行寺(大行事)まで約一里(約四キロ)、さらに宝珠山村まで一里、険阻な峠道を難儀して通過し、添田駅に達し、ここに宿泊。ここまで、日田から約九里の行程であった。柴峠まで三里はなれた英彦山の全容を見ることができた。

豊前小倉着

四日早朝添田を発ち、香春を経て、採銅所、呼野を経、小倉に到着、旅宿に入る。

小倉から船に乗って一路赤馬関を目指したが、淡窓一行ひどい船酔いのため、大里に着岸し、ここで一泊、五日、船が迂廻して赤馬関に達した。彼地の旧門人一同、揃って出迎えた。壇ノ浦で源平の戦跡を観、文字関、早鞆関を望み、本土に足跡を印したことを喜んだ。

豊前香春町一泊

馬関行は淡窓の旅行として、北の限りであった。そして再び本土の地を踏むことはなかった。謙吉は船で浪華を目指し、淡窓一行は九月三日小倉を発し、香春で小倉藩医の家に一泊、さらに小石原で宿泊し、五日、無事日田に帰着した。

馬関行の喜び

淡窓は三十四日間に及ぶこの度の旅行ができたことを非常に喜び、海を眺望したことについて「朝夕ニ烟波ノ変体ト、風帆ノ来往トヲ見テ、其情景ヲ尽セリ。是ノ山中ニ住ムモノノ能ハサル所ナリ」（『懐旧楼筆記』巻四十四）と筆記し、見聞を大いに広げ得たことを喜んでいる。

免役銭の制

下関行の直前の五月、淡窓は、塾規則の中に免役銭の制度を設けている。これは塾生すべてその在る級位に応じて何かの職掌を担っているのであるが、永い塾生活の中で、病気を理由に、自分の職掌を果さず、また課業に十分はげまない者が出て来て、塾の秩序が少し弛緩して来たことから、その怠惰の風を引きしめるため、病気を本病と半病に分け、本病の者は、専ら休養して服薬に努め、役務、労業ともに休むことができるとし、半病の者は、病気が軽度で、役務は何とか廃しなくてよい者とし、免役銭とは、塾の分掌業務ができない場合、塾生一同に迷惑をかけたことへの弁償として、一日十三銭を徴収することとした。

合理的塾秩序の保持

このように、多数の門生を抱え、一つの秩序を保持していく場合、罰金ないしは弁償金の徴収という合理的手段を採用したのは、他塾では、なかなかそこまではいかなかったようで、淡窓独自の合理的秩序維持の方法であったといえよう。そして、この金銭を徴収して、塾生に平等感を与えて、全塾生の日常に活気を維持したことは、淡窓の特筆すべき教育手段であった。

寺西郡代の死去は、前年の十一月はじめであり、秘して喪を発表しなかったが、この年六月はじめ、卒去の発表があった。

息子の直次郎が家督を継いだが、この年十二月新代官竹尾清右衛門が着任した。寺西父子の代官在任は五年間であった。

武谷祐之権都講に範治肥後行

武谷祐之が権都講となって塾政に任じられ、矢野範治は在塾八年に及び、また都講としての塾政総覧の期間も永かった。それでこの機会に、肥後に行き、医師深水玄門に入門して医学を学ぶことになった。ただし、業成った後は、再び咸宜園に戻って、医学教授に当って淡窓を扶ける約束の上であった。範治は前述のように、後、淡窓の養子となって第二代塾主となった人物で、学力人物ともに抜群であったことを淡窓はしばしば筆記の中に強調している。ここでは「久シク都講トナリ、予其力ヲ得ルコト多シ、且其人才依頼スヘキ者ト思ヘリ」（『懐旧楼筆記』巻四十四）と筆記している。

十 「義府」脱稿

「義府」脱稿

この年（天保十二年）十一月、「義府」を脱稿した。約四千五百字あまりの著述であった。「義府」も『淡窓六種』の中の一で主著の一である。淡窓は自ら述べている。自分は眼疾のため、広く読書することができない。それで真理の把握を読書に求めることができないので、易がいう、天地の間、すべて陰陽の二字に拠って成立し、かつ動いている、ただこの陰陽の二字について精思すれば十分であると悟って、閑暇があれば瞑目・静坐して、その理を推究してきた。ここに至って、平生瞑中に得たところのものを記述して、この書が成ったとしている（『懐旧楼筆記』巻四十四）。

竹尾代官着任

この年末、二十一日に新代官竹尾清右衛門が、筑前路から、日田に入るとの報せをうけ、淡窓は祐之、祝二を供に筑前境の久喜宮（くぐみや）まで行き、出迎えた。

翌二十二日、代官府に出頭して正式の相見の儀を行なった。竹尾代官は「久シク高名ヲ聞ケリ。当時門生四方ヨリ集マル者、幾人アリヤ云々」(『懐旧楼筆記』巻四十四末尾)と下問したりして、結局、塩谷・寺西両代官の時と同様、官府の臣籍に入れられることとなった。

放学、塾生遊び

天保十三年二月十九日、塾生が山に遊ぶことになったので、放学にした。是日彼岸桜が満開であって淡窓も体調良好のようで棣園(淡窓の弟三右衛門伸平のこと)、鉄之助と共に花見のため、遊行した。三月三日にも、放学して、花見を行なっている。この様な場合、咸宜園のみならず、淡窓の近親者も参加して、場所を選んで「行厨」を開いて楽しんだ。

淡窓に近親者同行、行厨

行厨とは、小旅行、散策行などの場合、行き先の適当な場所で、食事をすることで、簡単な焚火等で煮炊して、食事を楽しむことであった。小遊行の帰途、伸平が家にて、または棣園が家にて、または、某寺院にてよく行厨を開き、酒食を塾生と淡窓一家(師家)の人が親交を持つことになり、咸宜園生活中の楽しみの一つであった。

十一 福岡行

福岡行、昭陽没後七年忌

三月八日、筑前福岡に出向いた。昭陽先生没後七年に当るを以て俗にいう七回忌を守って、先生の墓参をするためであった。塾政は、留守の間、慎治・元八・再歓・三郎・連・顕了に託して出発した。祐之と岩五郎は淡窓に従行した。甘木に一泊、九日、雑餉隈経由で博多に達した。二十九年前、南冥先生の喪を知った時は、走り足で急行したが、その時と比べると、今は春色闌で、天気晴朗、旅行は吉であった。

福岡ではまず月形鷦斎を誘った。珍蔵・春丁・祐之が同行した。三月十四日、月形鷦斎を訪問しその家で相見することができた。月形鷦斎は年八十七、詩を能くし、頼山陽も彼のことを先生と称しており、当時海西の一大老であった。鷦斎の長子三太郎の案内で、博多湾の眺望を一望に納める大休岡に上って、美景を喜んだ。

祐之の父武谷元立と相見す

福岡では、大隈言道の別宅で清遊したり、百武万里、平岡玲蔵、祐之の父武谷元立と相交ったり、旧交を温めたり、箱崎八幡宮に詣でたり、亀井家とゆかりの崇福寺を伺ったり、宜園出身の諸子と相交って、酒食を相共にしたりして旧交をなつかしんでいる。

日田に帰着したのは四月六日で、出立の日より帰着まで、およそ二十八日を要した。

このたびの旅行は、十六歳の時、亀井塾に入塾のための旅行より約三十年を経過した。この間、福岡へは頻繁に往来することがあったが、福岡の地をゆっくり観たのは、今回が初めてであった。特に市中を流れる那珂川の中の中島、春好（吉）、住吉等は、「水媚ビ、山明カニシテ、城市モ清麗、実ニ海西第一ノ境」であることを確信したようである。

中島及び春好（吉）での詩作がある。

吏隠聚りて村を成し、

蕭然として春の好き処。

疎蘺花を護らず、

野蝶来り還（ま）た去る。

亀井家に人なし

淡窓は、このたびの福岡行に痛恨ありとせば、亀井家及び亀井塾の資たるもの、すべて亡くなっており、「師家ノ諸子喪亡シテ、一人モ残ル所ナシ」と断じざるを得なかったことであった。淡窓は筆記する。「往年在塾ノ時見知リタリシ者ハ、昭陽翁ノ室一人ナリ。師家ノ弟子、儒員タル者、江上、山口、後藤皆没セリ」。このように、時勢推移し、もう福岡の地には頼りとするものすべて亡くなり、ただ、月形父子・大賀・平岡・尚庵・竜岩・御風等と更めて親善を以て交をもったのみであった。

第六　大村、府内藩への出講

一　第一回、大村行

天保十三年七月二十四日、肥前大村滞在の謙吉より一書が到達した。書簡の意は、大村侯が淡窓を招聘したく考えているが、淡窓の方は存念如何かというもので、もし、淡窓が応じる意向であれば、改めて使臣を大村侯は遣わすであろうことを述べ、さらに書簡は、君侯は好学の人であるが、まだ、学校の制度を享受していないことなど、大村の事情をも伝えている。この申し出を淡窓は親類一統と相謀って、数日後には、一人で大村侯の招聘に応じる由、伝えた。

この年八月六日、旭荘謙吉は、大村からの使いの本田鉄八郎と中村礼助を伴って日田に来着。

八月九日、淡窓は大村出向を決意し、祐之を伴っていくことに決した。範治はこの年の夏、肥後から帰って塾にいた。それで範治に淡窓の大村行の間、塾政を執ることを依頼した。

筑後路をとる

日田より筑後川南岸の筑後路をとって、久留米に達し、筑後川を渡って肥前路を、神崎に向い、それより佐賀に入った。二十年来の友人、草場佩川は多久の出身であるが、抜擢されて佐賀の藩儒となり弘道館教授となっていた。淡窓とは文通のみであり、今回、はじめて面識を得た。佐賀での厚遇に応えて、淡窓は佩川に一詩を贈った。

草場佩川

佩川に詩を贈る

佐賀から牛津、武雄、嬉野と進み、遂に大村領内に入り、藩よりの出迎えの者の先導で大村に入った。日田より大村まで三十七里（約一四八キロ）、六日の行程であった。

当時、大村藩は、朝川善庵を招いていて、藩校五教館で教授させていたが、事情あって東都に帰ることになっていた。謙吉もまた大村藩に招かれていたが、大坂に居宅があり、すでに半歳を過ぎており、謙吉もまた東帰せざるを得なくなっていた。この時に際して、大村から比較的に近い日田より淡窓が招かれ、君前の講及び一藩の学政について意見を求められることになったのである。淡窓の「迂言」を大村侯はすでに読んでおり、儒者より見る経国のことについて意見を求められたりした。大村藩の大夫稲田鵬之允が頻りに淡窓と往来して、五教館のこと、一藩の学政のことを議した。大夫が藩校・学政

大村藩藩校五教館と朝川善庵

を統べること、最近のことといわれ、これ「迂言」の影響かと淡窓は筆記している（『懐旧楼筆記』巻四十七）。

淡窓はまた藩校五教館の教育を秩序立てる任を負ったようで、滞在中、しきりと「五教館ニ至リ月旦評ヲ作ルコトヲ議ス」（『懐旧楼筆記』巻四十七）の記事が出て来ている。

謙吉は九月二十六日、大村を発って、浪華に帰った。大村侯が参勤交代で東上する一行に加わって、鄭重な扱いをうけての東帰であった。

淡窓はまた、日田の咸宜園の月旦評も、この地で行なった。そのため、門生が日田・大村を往来している。淡窓は、君前の講を城内の君邸と、五教館において行なった。五教館で君侯出坐の上、『論語』を講じた時は、聴衆は大夫以下三百人にも及んだことを記録している。

淡窓の大村での用務は、㈠君前で講をなすこと、㈡一藩の学政につき議をなし、意見を述べること、㈢五教館の月旦評を作るなど、具体的に藩校教育の本を正すこと、㈣五教館で館生に対し、句読を授けるなど、教授をなすこと、等々であった。君侯の淡窓・謙吉両者に対する礼まことに厚かったことも記されている（『懐旧楼筆記』巻四十七）。

二　第一回、長崎行

長崎行の宿志

淡窓は大村滞在中、長崎行きを果した。淡窓は筆録している。「初メ余長崎ノ遊ニ志アルコト久シ。多病ト世故トニ纏ハレテ、遂クルコトヲ得ス。今一旦ニシテ、宿志ヲ遂クルコト、全ク大村侯ノ賜ナリ」（『懐旧楼筆記』巻四十八）と、喜びを率直に表現している。藩から奥左衛門なる者が藩命を帯びて、淡窓一行を先導した。

十一月一日、淡窓・伊織・祐之・逸作・下僕等合せて七名が、大村より伊喜力まで舟で湾を渡り、これより陸行して長崎に入った。

諏訪神社に詣でて、長崎における大村藩邸に入った。

十一月三日、大村藩邸の人の案内で、市中を観て廻った。唐寺すなわち、清商によって建てられた大寺院の結構を驚きの眼で巡視した。

唐、蘭館も、外より見るのみで、出入は厳しく取締られていた。

中島聖堂

中島の聖堂にも行って謁することができた。教授向井政次郎、助教長川彦次郎が淡窓一行を迎えた。聖堂および学館は代々向井氏が主催し、当今は政次郎が教授であった。

木下逸雲相見

長崎第一の名家と称されて、日田にも来訪し、その節、淡窓と親交あった画家木下逸雲にも会うことができて、淡窓は満足した。翌日は舟で、蘭館を観望したり、筑前・肥前が交代で警備している附近にも往き、十分に長崎を観たようであった。暮に及んで宿所に帰り詩作をした。

武雄大村屋

十一月二十六日、淡窓一行は大村を発して帰途についた。帰路は往路を逆行し、大村・彼杵・嬉野を経て武雄に到着、往路の時と同じく大村屋に投宿した。大村屋の主人の請をうけて一詩を作ってその歓待を謝した。

多久訪問

武雄より多久を目指して、初めての路を往く。これは多久の邑主より、特に駕を枉げて来訪されんことを乞われたからで、多久の邑主は佐賀に出向していて不在であったが、留守の者が鄭重に迎え、礼をつくした。多久来訪を邑主が切望したのは、永年にわたって、多久一党の子弟が淡窓の教導を受け、深く感佩するところあり、淡窓が近郊を通過するを聞き、謝意を述べんがためということであった。

淡窓は「予諸国ノ子弟ヲ教フルコト多シ。然レドモ、父兄ノ謝ヲ受クル而已ニテ、其君ヨリノ労謝ニ逢フハ、此度ノミナリ」と、感激している。

多久の聖廟

聖廟に往き、長崎の聖堂より規模の大なるに驚き、さらに聖廟設立の経緯を古老より説明をうけて、驚くとともに半信半疑でもあった。聖廟より学館に至り、儒員達と交歓し、饗宴を受けている。

多久を発し、牛津経由で佐賀に達し、佐賀では再び草場佩川が待ちうけていて厚遇した。佐賀より日田迄は、往路と全く同じであった。

日田帰着

日田までの筑後路は、往路にまして、筑後一帯の旧門生達が送迎し、日田に近くなると範治以下十余人の門生が出迎えた。日田を発って、日田に帰着するまで約九十日であった。

十二月五日、代官府に帰着したことを報告。この日、範治、都講を辞して、講堂の南偏の一室に退居することになった。元八が代って権都講となった。

大村旅行の反省

この度の大村行はいろいろな点で、淡窓にとって画期的なことであった。第一に大村、さらに長崎までの旅行ができたことは、見聞を大きく広めることになり、特に今迄諸侯に相見ゆることがなかったのが、恭倹な大村侯に親しく接することができたことは、望外のことであり、生涯はじめての貴重な経験であったこと。第二に、大村侯が好学の上、礼遇まことに厚かったことには、大きく教えられたこと。第三には、大村侯の下の大夫以下の重臣がすべて礼節恭遜であったこと、特に学政担当の大夫稲田氏、もっとも温厚の士であったことは、淡窓の心底に届くものがあったこと。第四には、大村の士人の風をよく理解できたこと。それは、現藩主は学を好み、一藩の学政を興隆させようとの意欲、なかなか高いものがあるが、朝川善庵・謙吉二人の半年の努力にも拘わらず、学校の制度は確立せず、淡窓が往って、課程の制度、月旦評の制度を導入し、漸く形は成ったが、自分が不在になった今は、また前に戻って、文教甚だ振わない状態に落ち込んだかも知れない。咸宜園流の公平無私に立って、門生が自発的に勉学にはげむ、その成果は毎月の月旦評によって、公にされ、さらに勉学を自らの決意と努力によって進めていく、淡窓が拓いた学校の根本となるものが、なかなか大村では定着しないことを述べている。

第五の今回の旅行の益は大村は勿論のこと久留米・佐賀、さらには長崎まで、実際に自らの足で地を踏み、宿願を果したこと、そのことによって、多年親交を持っていた草揚佩川とも往復の道で相交ることができたこと、また一世の大儒、朝川善庵とも相見えることができたこと等々であった。

三　苗字帯刀

苗字帯刀、永世差免は老中水野越前守の下命

天保十三年（一八四二）十二月十七日、官府よりの命で、豆田町年寄と同道出頭した。郡代（前年郡代となった）竹尾清右衛門より、苗字帯刀を永世差免すとの、老中水野越前守の下命を読み渡された、その書付けは淡窓に渡され、淡窓は家に蔵した。

書付けの文面は次の通りであった。

豊後国日田郡豆田町　久兵衛兄

広瀬求馬

右多年学業相励ミ世上手広ク教授致シソロニ付　苗字帯刀、永々差免ス

右水越前守殿、仰セ渡サレソロ段　井上備前守殿仰渡サレソロ間、之ヲ申シ渡ス

寅十二月

淡窓は『懐旧楼筆記』巻四十九に、この度の栄誉を受けた次第を克明に筆記し、これすべて広瀬家代々の人々の「徳ヲ積ミ、善ヲ重ネ厚ク積ンテ薄ク発シ玉フ」た、その余慶が「我身ニアツマル」の結果であって、先考までの先祖の功によることを力説してい

る。

天保十四年（一八四三）、淡窓六十二歳。この年の入門者が九十人になったことにつき、「恩命ノコト遠近ニ伝ヘ聞シニヤ、又大村行キノコトモ、世上ノ聞ニ宜キト思ハル」と述懐している。またその入門者の中に肥前からの人が多いのも淡窓の右の述懐を証するものといえよう。

その肥前から一家兄弟揃って入門したのも珍しかった。九級にまで昇った者二人、都講になった者もあり、塾勢は大いに伸張している。旭荘謙吉の息子孝之助もこの年入門を果し、泰音・祐音の二人の一向宗の青年僧が遥々、津軽から入塾した。

この頃、大村より使臣がたびたび日田に来て、淡窓の再来を求めている。前年の十二月に日田に戻った淡窓は、年が明けた二―三月の頃再遊が可能であろうと答えていたこともあり、それを秋に延ばしたが、病気が起り、眼疾が重くなり、手の指の屈伸が不自由になったり、腹痛、吐瀉、痰喘等々、宿病が頭をもちあげて来た。このため大村へ人を派して、病気に由り約束の果せないことを詫びさせた。

三月一日、武谷祐之は大帰が近づいたことで、都講を止め、劉介石が代って権都講となった。

倉重文哉の死を知る

また、この頃肥後よりの来遊生から、倉重文哉が、七-八年前すでに死去したことを教えられ、「彼レハ予カ垂帷ノ業ヲ左右セシモノナリ。別後今已久シ。没セシ年八、四十余ナルヘシ。悲イカナ」（『懐旧楼筆記』巻四十九）と哀惜の情を述べている。

六月九日、塾生が咸宜園外で、代官府の吏員と争いを起したことで、淡窓は新たに「門外規約」を制作して告示し、塾生を戒めた。

八月十日、宿病治療のため、杖立に行き、温泉で保養しようと志した。しかし温泉浴は淡窓の衰弱した病身には宜しからず、輿に乗って漸く日田に戻った。

九月末の月旦評作成の時、範治の名を除いた。これは、自分に代って門生を教導していたので、最早、月旦評の対象とすべきでなく、特別の扱いが必要となったからである。結局範治の位を都講の上に置いて特別扱いとした。

四　天下の形勢大いに動く

水野越前守の失脚、及び、羽倉簡堂の罷免が相次いで伝わり、淡窓は「天下ノ勢又一変スルノ勢ナリトソ」（『懐旧楼筆記』巻五十）と記している。

天保十五年
塾勢大いに
伸張す

天保十五年正月二十日、劉介石が大帰したので、範治が代って都講となった。日田の地にも、江戸・大坂方面の重要事件は、次々と報せが入っており、江戸城本丸の火災、水戸斉昭の謹慎、米船の館山への寄港、水野忠邦の老中復帰、英船・蘭船の長崎寄港等々の、天下の大勢に関する情報は、刻々と日田にも入っており、淡窓のもとへは、旭荘謙吉が江戸より、直接見聞したことを書信を以て伝えている。咸宜園はこの様にして、天下の大勢については、ほぼ正確な情報を把握していた。このことは、淡窓没後の咸宜園が最新の情報を常に入手して、世の動きに敏感であったことへも繫がる。

当時旭荘謙吉は、江戸に止まって居るべきか、または浪華に帰るべきか、大いに迷って、その判断を淡窓に求めて来ていた。淡窓は、たびたび易を立てて、易の示す方向を謙吉に率直に伝えていた。

この年（天保十五年）六月九日、範治を淡窓の義子にする件で、親戚一統の議を経て、正式に内定したので、すぐその承認を代官府に請うた。

代官府は翌月二十八日、淡窓・範治を呼び出して官許を与えた。但し、苗字帯刀を許された淡窓の後嗣のことは、重大なことで、官府としては、すでに淡窓の子となっている旭荘謙吉がいわゆる第一相続者であるので、範治は謙吉の子となり、謙吉の子の孝之助も範治の子となすことにより、苗字帯刀官許の家統の乱れなきよう注意するところがあった。しかし、淡窓は表面上、官府の命に従い、内実は、今迄広瀬家で話し合った通りにするつもりであることを筆録している（『懐旧楼筆記』巻五十一）。

五　第一回、府内出講

この年（天保十五年、十二月改元弘化元年）の夏、大村侯の使臣が来て、侯が淡窓の安否を問うていること、及び大村出講の催促があった。しかし淡窓には府内侯からの招聘の使臣が殆ど時を同じくして来ており、この府内からの招聘は、府内に出かけていた弟久兵衛南陔を通して前々からなされており、どうしても謝絶するわけにはいかないと考え、八月末に代官府の許可も取った。

九月朔日、淡窓は咸宜園を発って、府内に向った。家は妻と孝之助に託し、塾政は範治が掌握した。府内藩からの使臣が先導し、門生二人、僕一名の一行で府内に向った。

この日、日落ちて漸く別府に到着。府内から弟南陔及び府内藩臣吉田敬造がわざわざ出迎えた。西法寺に宿泊したが住職は二十年前の旧門生であったことに驚いている。この日の行程約十一里、「路険ニシテ且遠シ。卯ニ先ツテ発シ、酉ヲ過キテ達ス。殆ト十三四里モアラント覚エタリ」(『懐旧楼筆記』巻五十二)。

別府より大分まで、府内侯差廻しの船で別府湾を横切り、旅館に達した。

翌々日、府内侯の謁見のため、城内に入る。前藩主は年四-五十の間、剃髪して閑山と号し、当主は白河楽翁の孫で、府内に来て嗣となった人、年僅かに十六歳。

二日後の九月七日、城に入り、老公と公の前で『論語』を講じた。両大夫以下数十人が室を隔てて陪聴した。夜、旅館で『析玄』を講じた。聴く者十五-六人であった。八日、城中で『左伝』を講じた。大書院での外講であった。君公と同じ部屋に坐して講じたが聴衆は大夫以下百余人であった。

この夜、旅館で『詩経』を講じ、十五-六人が拝聴した。城中での君公への講は、十日、十二日、十四日、『論語』または『左伝』を講じた。十七日は別邸で、君公の供応があり、君公は騎馬で臨み、宴終って馬場で騎馬を試みられた。十八日、二十日、二十二日、及び二十七日、入城して『論語』と『左伝』を講じた。君前の講はこの日を以て終了した。この間、旅館で求めに応じて適宜講筵を開いたら、旧門生たちが旧師に相見えんと参集するのに殆どすべて応対した。

二十九日、講終ったのち、君公及び老公から鄭重な礼がなされ、淡窓は城に入って謁見を賜った上、君公ならびに老公に謝意を述べ、旅館まで大夫以下数十人の者が見送って従行した。

十月朔日、淡窓は疲労を覚えるとともに、精神困憊、頭痛、鼻塞り、悪寒胸欝の病状が出たので、滞在を延ばし、六日になって病状が治まったので、日田に向って出発した。途中、朴木の日野家に一泊して、玖珠の麻生家に達し、日田には九日夕刻に帰着、三十八日間に及ぶ府内行であった。

この年十二月十四日、門生九十二名が連名で範治の広瀬家入りを賀するため酒肴を贈ってきた。

天保十六年（弘化二年、一八四五）、淡窓六十四歳。入門者五十六名が録された。遠くは遠江、和泉、讃岐、能登、摂津から笈を負って、遙々日田に集っている。

一月二十九日、範治が旅人で在塾する者の名簿を官府に提出した。六十三人であった。今後、年に四回、名簿提出のこととなった。

二月十一日、『析玄』の出版につき、官許が漸く下りたことを喜んだ。『析玄』上梓はずっと以前、書林に一任したが、書林が自己の蔵版として世に発表したため、官許に至らず、謙吉の奔走で漸く、淡窓執筆上梓のことが承認され、淡窓は世間の俗事にわずらわされたことを歎いている(『懐旧楼筆記』巻五十三)。

この二月二十日、大村侯の使臣二人が淡窓を訪れ、大村侯の招聘を伝えた。

六 第二回、大村出講

四年前の第一回大村行きの時、翌春の再遊を約して帰っており、宿疾起って約束が果せなかった。しかし、病癒えた直後府内行きをしたこともあり、また現在体調悪からず、この招聘を謝絶することはできないと考え、使臣に応諾の返事をして帰した。

二月二十八日、淡窓は代官府の承認を得て、急ぎ旅装を整えて、あわただしく大村に向って出発した。範治が留守となり、家事塾政のすべてを総攬することにした。大村行きは、石舟・文哉外が従行し、一行約十名となった。

四年前と同じく筑後川の南岸沿いの筑後路をとって、一路久留米に向い一泊し、久留米より筑後川を肥前に渡り、神崎経由で佐賀に達した。佐賀では草場佩川父子と交り、旅宿をとった。
三月朔日、佐賀を発し、武雄の大村屋に再び宿泊、翌日、彼杵に達し、旧館に入った。三日、彼杵を発し、未時に大村城下に到着した。藩命を帯びた者数名が礼を以て出迎えた。

大村侯に謁見したのは、六日、千年潟にある別邸千年館においてであった。この日は挨拶と雑話程度であった。帰路五教館に寄り、十余人の関係者と相見した。

三月八日、大村侯の命によって千年館で『迂言』の中の数条の疑問点、『大学』修身についての質問あり、淡窓は、宿舎に戻って「対問一則」を綴って奉呈した。

三月は十一日から月末まで、四月は三日まで連続して千年館、及び五教館で、『大学』『孟子』『左伝』『唐詩選』『文章軌範』等を君前で講じたり、大村侯の質問に対して宿舎で「対問」書を綴ったりした。

七　第二回、長崎行

四月六日より十一日まで、長崎旅行を果した。これは淡窓自ら筆録する如く、「長崎ニ再ヒ遊フコト、全ク両館ノ為メナリ」。唐館と蘭館と実際見分することが目的であった。

四月八日にこのことを成就することができ、淡窓は満足した。しかし当時の長崎奉行伊沢美作守の治政方針がきわめて厳重に取締る方針のため、唐蘭館出入も極めてきびしく取締られていた。しかし大村侯の好意で、それが何とか適えられて満足した。淡窓は「此遊已ニ遂タリ。此後又遊フノ期ナカラン。之ヲ思ヒテ悲喜交々生ス」（『懐旧楼筆記』巻五十四）と記述している。

十二日、大村を離れる三日前なのに、千年館で君公に謁し、疑問数条あり、この時も退いて答書を草してこれを奉った。

八　筑前路をとって、日田へ戻る

十五日、千年館で君公に謁し、帰郷の事を正式に申し出て辞別した。公自ら淡窓に時服を賜り、さらに夜は宿舎で送別の宴を公より賜った。

武雄より筑前路を志す

十九日、大村出発、彼杵、嬉野、武雄に到り、前と同じく大村屋に投じた。この度は筑前路を経由して、大宰府に立寄る方針を定めて、武雄より初めてこの道を行くことになった。武雄より三里で本部、これより一里で大川野、ここから唐津領を二里行って徳末、ここに一泊。

虹の松原

二十二日、徳須恵を発して三里二十五丁で浜崎、浜崎より三里五丁で深江、浜崎を通過する時、有名な虹の松原を眺望した。

今宿（いまじゅく）にて亀井小琴と再会

二十三日、深江の旅宿を発ち、二里で前原（まえばる）に到る。前原は四十八年前、亀井昭陽先生に従って来遊した場所。前原から二里で今宿。ここで亀井源吾を訪うた。源吾の妻が小琴、小琴は淡窓が日田からはじめて筑前福岡に遊学した時生れたが、今はもう四十八歳、「小琴亦老イタリ」（『懐旧楼筆記』巻五十五）。今宿より一里東行して姪の浜、さらに一里で福岡。福岡では亀井家を訪れ、南冥・昭陽両先生の霊を弔い、昭陽先生室にも面会した。福岡より約一里で博多、東町豊侯屋に投じた。福岡博多住の旧友とも連絡がとれ、淡窓は懐旧の感に堪えないものがあった。

大宰府を訪ねる

二十四日、博多を発し、大宰府に到った。執行坊を訪ね、菅公祠に参拝し、博多よりの友人とここで別れ、雨の中を甘木に達した。

日田帰着

二十五日、甘木を発し、久喜宮、杷木に至る。さらに関村を通過し萩尾阪に到ると、塾生十余人が続々と出迎えた。日暮に家に帰着し、酒食を設けて、五十七日間の旅行に従った諸子をねぎらった。

淡窓はこの度の大村行きについて次の如く自ら評価している（『懐旧楼筆記』巻五十五）。

此行、唐蘭館ヲ観ル、一得ナリ。虹林ヲ観ル二得ナリ。旧遊ノ人ヲ訪フ、三得ナリ。函崎ヨリ唐津ニ至ルマテ、十余里、瀕海ノ地皆絶景ナリ。（中略）後年万ニ一モ良縁アランニハ、再遊ノ願ヒ浅カラス。

九　再度の府内行

前年、府内に往った時、明年学校を建立するにつき、必ず府内に再遊して、学政を築き上げてほしいと、府内藩より要請があった。ところが今春、学校はすでに竣工したが淡窓は大村に行っていた。大村より帰った上で府内に赴くことを返事していた。

五月五日、代官府に往き賀を述べ、府内に再び往くことの許諾を取った。この日、府内より迎えの使者が来た。

六日、家を出発、府内に向った。範治が留守を守り、淡窓に従行したのは、大村行と同じく、伊織・莱蔵であった。森城下に宿泊し、七日森を発し、截塞に到り、今宿、並柳を通りそこで一泊し、並柳を八日に発ち、四里で朴木に到り、昨年と同じ家に投宿し、赤野を経由して加来に到着した。ここには府内より藩命を帯びた手島大記が迎えに来ており、遂に府内城下に到着した。今回は酢屋平右衛門の家を以て客館とされていた。日田より府内への正路、二十一里を踏破したことになる。

九日、城に入り、君侯と老公夫妻に拝謁、帰途、竣工したばかりの学館に立寄った。十日より二十九日まで、城内に入って君公及び老公に対して講をなし、あるいは学館において両公出坐の上で、館生のみに対し、または市人有志の者のために講をなした。講の内容は、『論語』が多く、その他『詩経』『尚書』『荘子』『史記』『礼記』等、多岐に亘った。君公及び老公は、まことに熱心で、城中君前の講のみならず、学館における講にも、しばしば出席して淡窓の講に聴き入った。講のみならず館生の輪読輪講するを聞いたりした。

体調宜しからず

淡窓はこの間、体調を崩し、時には霍乱、暴瀉、胸塞り、困憊、下痢、心胸苦満、号叫等、宿病一度に発起した如く苦しんだ。病状少しく治まったので、六月朔日、城に入って、辞別をした。君侯及び老公より鄭重な謝礼を受け、淡窓はこれを格別の名誉として受取った。二日、府内藩重職それぞれに挨拶をすませ、三日出発した。五日、日田に帰着した。

この度の府内行について淡窓は「府内ノ再遊ハ、学校新ニ建ツヲ以テナリ。前遊ヲ去ルコト纔ニ半歳余ナリ。（中略）此行モト暑ヲ畏レシカ、幸ニシテ梅霖未夕晴レス、暑ハ甚シキニ至ラス」（『懐旧楼筆記』巻五十六）と比較的に楽に旅行できたと述懐している。淡窓は宿疾あって、疲労が重なると、全身的に症状が発起して、病床に横たわることになるが、今回も、二度これが起こり、困憊したが、都合八日間の休養で済んだことを喜んでいる。

小石拙翁日田に到る

この年九月六日、京都の小石拙翁元瑞が日田に至り、相見えた。宴を以て小石拙翁をねぎらった。小石拙翁は淡窓に詩を贈ったが、淡窓も小石に二首の詩を贈った。

小石元瑞とはこの後も文通あり、淡窓門人で、京に上って入門し、蘭方医学を学ぶ者数名がいた。麻生伊織の長子勲平もその一人であった。元瑞は久留米侯の招きによって西下し、その帰途で、是非、咸宜塾主淡窓に会いまた耶馬渓を観賞しようとしての日田訪問であった。

麻生勲平

この月の二十八日、水野越前守が本月二日蟄居させられ、禄二万石を削られて奥州棚倉に移封された報せが入った。淡窓は「此公極メテ幹局アリ。能ク天ヲ以テ任トス。他相ノ及ブトコロニ非スト。惜哉」と政局の変転につき簡単に記している。ただ水野越前守が羽倉簡堂の奨めで淡窓著『迂言』を読んだことが伝わり、これを喜んでいる。

十二月に入り淡窓は、また宿疾の発起に苦しんでいる。『懐旧楼筆記』の末尾、巻五十六の最後は、その病状を記述して終っている。それは、「痰咳頭痛アリ、心胸苦悶甚シ」「胸塞リ頭痛ミ、心下苦悶、食事進マズ。夜眠ルコトアタワズ」「近日病患相連ナリ。殆ト昔日ノ症ニ復セントス。恐ルヘキノ至ナリ」等々と記して、「謹マスンバアルヘカラス」と結んでいる。

第七　『懐旧楼筆記』後の淡窓

一　『淡窓日記』のこと

淡窓が自ら記した日記をもとに過去を回顧しつつ、筆録した『懐旧楼筆記』は弘化二年（一八四五）十二月を以て終っているが、最も基本となる自筆の『日記』は続けられており、淡窓死去の年、安政三年（一八五六）、淡窓七十五歳の二月二十一日まで、所々断絶しながら筆記がつづいて、同二十一日を以て筆を断っている。後は若先生と称されていた林外が、七月下旬と八月朔日の条を筆記して、淡窓四十年に及ぶ日記を終っている。淡窓日記は最後を「甲寅新暦巻五」と名附けられている。

われわれは、非常な努力で記録しつづけられた日記によって、『懐旧楼筆記』終了後、淡窓末年までの重要事項を知ることができる。

弘化三年七月二十九日、『遠思楼詩鈔』二編の稿成る。

凡二巻。上巻百二十八。下巻百四十六。凡二百七十四。加諸家評語。意欲次明年上本。

と記している。

八月二十五日、南陔より謙吉の盗難の事を聞かされ、翌二十六日、祖先に自新の意を告げた。従来は文辞に意を専らにしていたが、謙吉の難を聞き、今後は修徳を以て事とすることを決意。

十二月十八日『苓陽語録』二巻成る。国字を以て記し、およそ四十葉であった。

弘化四年(一八四七)、淡窓六十六歳。正月九日『宥座語』を作る。飲食を節し、以て身を養い、名利を捨てて、以て心を養うことを本旨とした。

二 『夜雨寮筆記』成稿

『夜雨寮筆記』成る

二月十八日、『夜雨寮筆記』が成った。およそ九十葉。前月に成稿、浄して今日に至ったもの。

五月八日、新塾が竣工す。結構美しく、眺望絶佳であった。塾生が急増したことに対応して準備して来たものである。

『遠思楼詩鈔』の編集に努力す

八月十日、この数日前より『遠思楼詩鈔』続集の編纂に努め、八月二十一日に脱稿。これを『遠思楼詩鈔続編』と題した。これを浪華の謙吉に送って、上木の手はずを整える。これは二巻七十二葉、詩二百六十三首。

九月十五日、麻生伊織、玖珠において昨夜三更没す。歳五十六。

弘化五年（嘉永元年、一八四八）、淡窓歳六十七。官府の主は昨年竹尾氏より池田氏に代ったが、一月二十八日、初めて、池田氏の名で令が発せられるに至った。

門人二百人を越す

門生が合計二百名を越したのは、嘉永元年三月末の月旦を改める時の計算であった。この時は二百一名を算えた。ところが一ヵ月経過すると、塾生九十人、外塾二十六人、居家二十九人、帰省六十六人、合計二百十一人に達した。なお、浪華の旭荘塾は四十人が数えられた。

八月八日は塩谷明府没後十三年祭に当り、関係三十余人、大超寺に相会した。

この年十二月二十五日、「敬怠義欲両考法」を改正。翌二十六日、「塾生来去書法」を改正し、塾生自ら、関係文書に筆記署名させることにした。

範治を謙吉の弟とす

嘉永二年（一八四九）、淡窓六十八歳。正月二十二日、範治（青邨）の名籍を改め旭荘謙吉の弟

「新遠思楼」成る

『遠思楼詩鈔』二編の刻成る

麻生家へ入った伊織についての消息。三右衛門，求馬父子連名の麻生家当主麻生春畦宛（玖珠郡克良，麻生家蔵）

とした。これは範治を広瀬家に入れるについて、時の竹尾明府が、謙吉の子とすべきことを強く要請したので、それに従ったが、明府が代るに及んで名実相応するように、右の取計いを実施することができた。

二月十一日、府内侯が府内に居を構えている南陔久兵衛の家を訪れられた知らせが入った。

三月十三日、東家の寅卯の際に一小楼を営むことをはじめた。「新遠思楼」がこれである。三月末の月旦改定時の門生の通計は合計二百三十一人に達した。

四月四日、『遠思楼詩鈔』二編の刻成った。書手刻工すべて初篇より勝っていた。

四月末の月旦評改定の時も門生通計二百

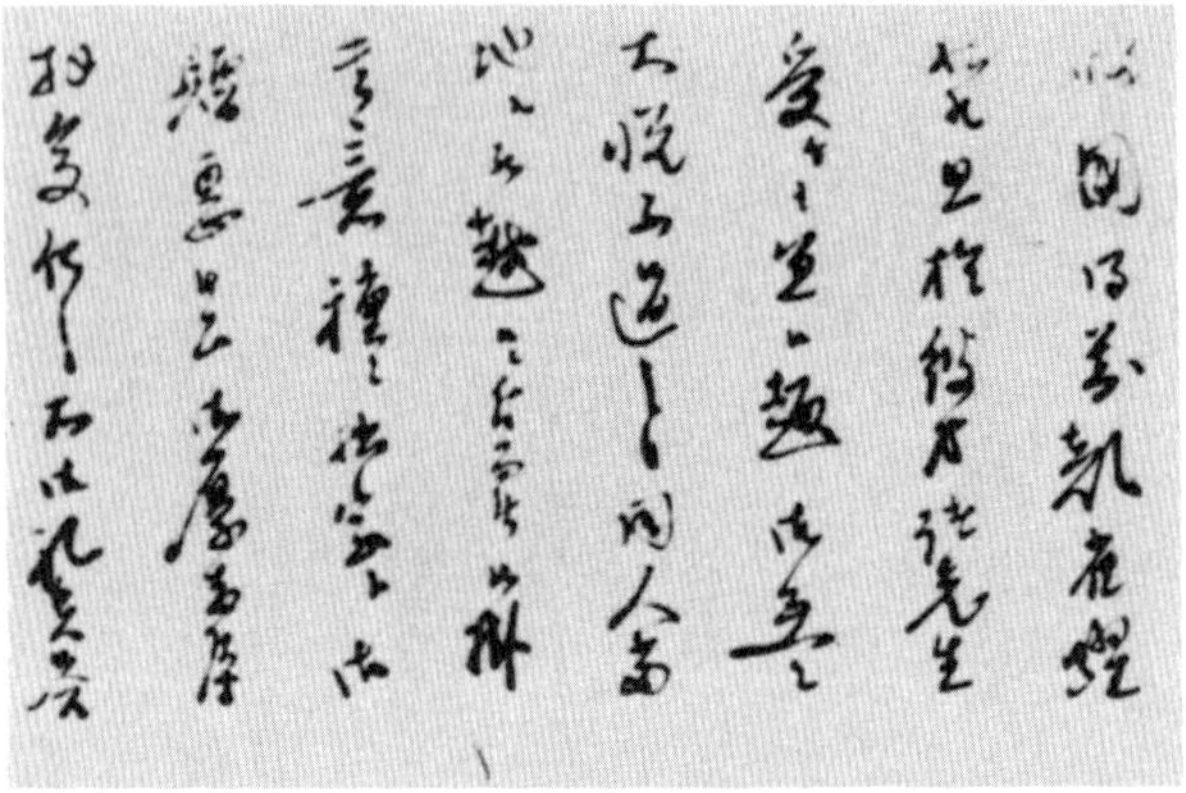

三十人を記録した。

五月十一日、かねてより経営を始めていた「遠思楼」が落成したので賀宴を催した。

十月十六日、久兵衛南陔に恩命が下り、「一世帯刀、苗字伝家」の光栄を蒙った。

十月二十八日、『三新録』を草せんとし、その決意を定めた。『自新録』は四十三歳の作、『再新録』は五十四歳の作である。現時点こそ『三新録』を作成すべき時期と考えた。これは近来、怠心益加わり、懶惰の日が多いので、ここに決意を新たにする必要ありと考えたのであった。

嘉永三年(一八五〇)、淡窓六十九歳。この年の正月末の月旦評改定時の教勢は次の如くであった。在塾生五十一人、外塾七人、居家二十六人、帰省百十三人、合計百九十七人。

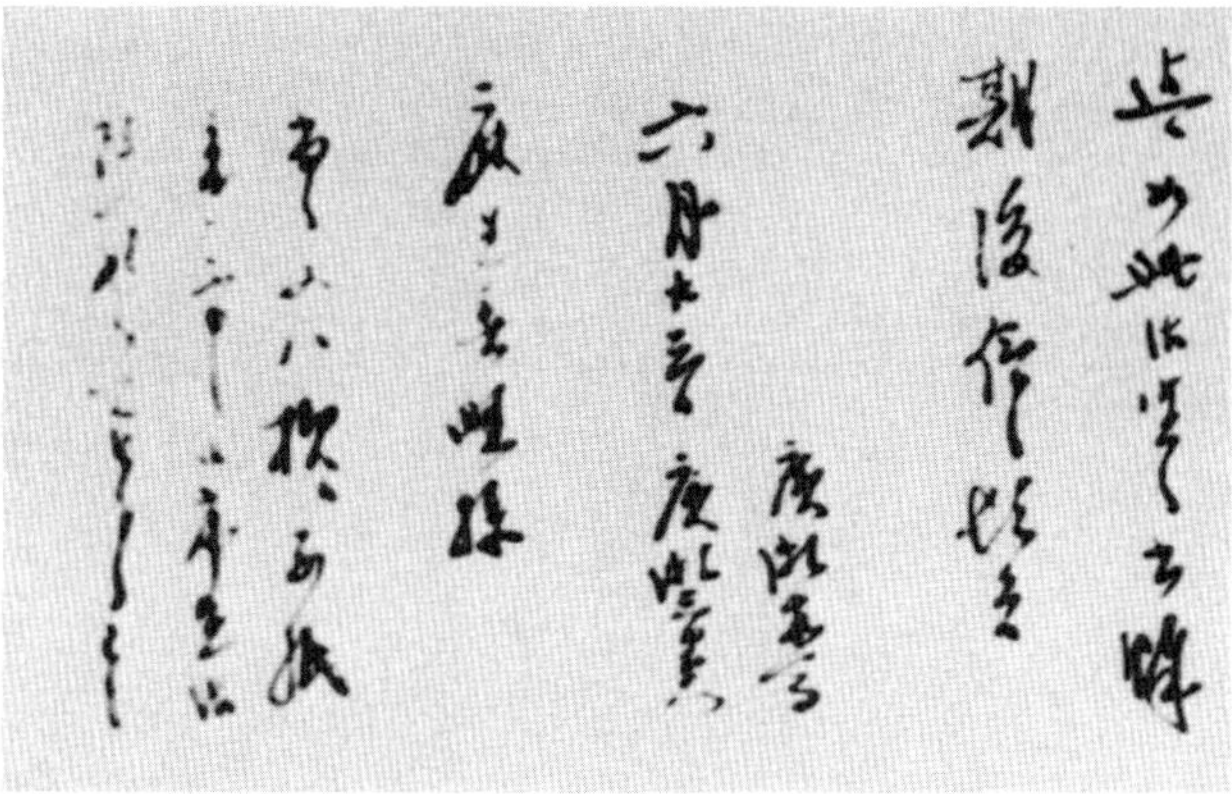

孝之助（林外）九級に達す

『懐旧楼筆記』五十六巻二十八冊表装完成す

三務の工夫

三月二十五日の月旦評改定で、孝之助（林外）が九級に昇ったことを祝って、数名の近親者とともに楼上で小酌をした。

四月、五月とも月末の教勢は合計二百十一名の門人を数えた。

六月三日、府内の使臣と相談じて、久兵衛南陔の退身帰郷の事を謀った。

六月七日、この日『懐旧楼筆記』謄写表装が完成した。全五十六巻二十八冊、広瀬家にとっての最重要文献なるが故に、翌八日、先祖に筆記竣功の事を奉告し、子孫末永く秘蔵すべきことを祈願した。

六月二十七日、南陔の隠宅が上棟した。

八月朔日、是の日淡窓は家務、身務、心務のいわゆる三務の工夫を立てた。

ナチ死去

八月九日、玖珠麻生家に嫁していた妹ナチが死去した。歳五十五。「嗚呼哀哉」と嘆じた。

十月二十四日、林外孝之助の弟忠三郎死去。淡窓はまた「嗚呼哀哉」と哀惜している。

「三禁」を立てる

十二月二十三日、「三禁」を立てた。「口腹禁過飽。肢体禁懶惰。神識禁妄想」の三禁であった。

孝之助府内へ修行に出かける

嘉永四年(一八五一)、淡窓七十歳。正月二十八日、孝之助が魚町を発して府内に向った。源兵衛が同行した。これは、孝之助が九級下にまで学問が進んだので、しばらく文筆を休んで武事に励ませる必要があったことと、武士の社会のしきたり、武士道を学びとらせることを要すとして、ここに武家の府たる府内で修行させるべく旅行をすることにしたのであった。

三月二十三日、神及び祖先に、自新二事を祈った。それは今年七十歳になり、余命も如何程かわからず、最近、怠慢に流れ、重要事を記録もしないでいる状態から、もう一度、心気を清新にして、いたずらに老が進むにまかせないことを神位や祖先の力に依頼したいとの心境からであった。

三月二十九日には「矜字ヲ去ル工夫」(『再修録』巻七、嘉永四年辛亥三月二十九日)を立てた。

『約言』繁冗につき不満、簡潔に改作の時間なし、淡窓に約言を世に公にし、これを後世に遺す意なし

これも前々から筆録してきたことであるが、淡窓の心中は矯飾の中に身を没しているが故に心事言行が一貫しない。故に、心中より矜の字を無くする努力をするというのであった。

六月二十三日、水野侯の卒去の報せに接した。

同二十五日、精心摂養に努めることを誓った。

八月十二日、旭荘謙吉が浪華より帰省した。

九月十八日、謙吉の再東遊に臨み、謙吉と孝之助の名分を正した。すなわち、旭荘謙吉を弟位に復し、孝之助を淡窓の子とし、これで昭穆（しょうぼく）を正すことができた。孝之助はこれより謙吉を生父とし、淡窓を嗣父とした。但し官府への届け出は前のままとした。

十二月四日、消権簿を制定して、課程録と並行することにした。

嘉永五年（一八五二）、淡窓七十一歳。閏二月二十三日、『約言』卒業とまず筆記し、その下に、「十二三年来。不㆑講㆓此著㆒。今覚㆓其繁冗㆒。若削為㆓簡潔㆒。乃可㆓伝世㆒也。然逼㆓桑楡㆒。終不㆑得㆑遂。可㆑憾」と詳記している。すなわち、『約言』は淡窓の敬天の思想を展開した主著であるが、この十二―三年来この書を講じなかったのは文が繁冗であるためで、もし、これを改訂して簡潔なるものにできたら、世に遺し、後世に伝えても宜しいと考え、

いろいろ努力したが、遂に、今日に至るもそれを果さずにいる。この老人の死期も旦夕に迫っているので、もう出来ない。主著が世に遺せないのは、まことに遺憾なことであると述懐している。現在、『完本約言』発見さると世に伝えられているが、嘉永五年七十一歳の淡窓は、完本として世に遺す意図は全然なかったことがわかる。

四月五日、三月に府内閑山老公薨ずの報せ至る。

四　門人数、二百三十三人に達す

門生数は、この数ヵ月、二百人を突破していたが四月末、合計二百二十五人に及んだ。五月末の門人数は二百二十八人、六月末のそれは二百三十三人を記録した。咸宜園最高の記録となる。

六月十九日、浪華の書肆が『義府』の刻本百部を送致して来た。『析玄』とほぼ同様な仕上げで、淡窓は「大イニ老懐ヲ慰ム」と記述している（『再修録』巻九、六月十九日条）。

七月二十五日の月旦評改訂で、孝之助が舎準都講に任じられた。

八月十四日、木下逸雲が孫孝之助を同伴して来見した。

十一月二十六日の記述に、「是日通計入門簿。合二千六百七十五人。州五十五。島二」（『再修録』巻十、十一月二十六日条）とある。但し、淡窓自ら註記するようにこの数は不正確で、錯誤があるやも知れず、他日再考すべきで、必ずしも正確でないが、一応の目安とすべき数値である。

嘉永六年（一八五三）、淡窓七十二歳。この年、正月の月旦評改定時の門人は、塾生六十人、外塾生二十人、居家十三人、帰省百十一人、通計二百四人を数え、教勢依然衰えを見せず、淡窓先生の声名は天下に響いていた。

宿疾一気に発起

この年、二月は淡窓の宿病がまた一気に発起した感がある。

二月五日夜、喉痛鼻塞おこって夜睡眠が出来なかった。それで医師に診察を乞うて、風邪の薬を投ぜられ、六日益々甚しく苦痛が出て、夜胸膈苦満の状態に落ち込み、困悶殊に極まれる状態に立ち至った。然るに汗が出ず、八日には咳嗽大いに起り、痰洟が交々溢れ、病勢が却って盛んになった感じであった。一進一退をつづけるものだから、十二日に遂に諫山安民を招いて、投薬をしてもらい、それでも疾なお退かず、夜臥しても胸が圧迫されて苦しく、殆ど睡眠が出来ない状態がつづき、苦しみの毎日であった。そのため精神困憊、目は眩み、足は歩行が出来なくなった。三-四日して、他の薬を併用して、はじめて睡眠が少しとれるようになった。ここから少しずつ筆が執れるようになった。

この二月二十日、村上仏山堂の門弟が来見して、『仏山堂詩集』を贈呈された。二月二十一日、頭痛起り、耐え難い状況になり、針師を呼んで頭上に十余針を施した。

この二月の月旦評を改める時の門人の教勢は、塾生六十三人、外塾生二十三人、居家九人、帰省百四人、通計百九十八人。淡窓の体調の悪化と関係なく、門人の勢は、少しも崩れなかった。

六月八日、近頃塾生に病人が多く出ることを慮って、「養生規約」を制して門生に示し、病気の予防について諭すところがあった。

七月六日、この日、『宜園百家詩』の編纂が成ったので、上梓のため浪華に送った。はじめ矢野範治が『宜園百家詩』の編纂を手がけること十余年前のことであったが、それを継続したわけで、第二編六巻は樺島斗一が撰し、第三編四巻は三右衛門と山田作兵衛とが撰に当った。後で二巻を追加することを書肆に伝えたので、第三編も六巻となる。すべて淡窓が校閲したので、二編、三編合せて十巻、門人数で二百余人の詩を手がけたわけで、範治とともに作業三年に及んだ。まことに咸宜園にとっての大事であったと日

『宜園百家詩』二編、三編計十巻の編集成る（実際は十二巻六冊であった。嘉永七年八月二十八日、甲寅新暦）

記に記している（『再修録』巻十二、七月六日条）。

七月二十四日、『諸生帰郷後規約』一巻を起草し制度として立てた。

八月二十九日、三養法を立てた。三養は、「憂ヲ無クシ以テ心ヲ養ウ。食ヲ寡クシテ以テ身ヲ養ウ。事ニ勤メテ以テ家ヲ養ウ」であった。

四　田代行

田代行、池田郡代の斡旋と招待、勘定奉行川路左衛門尉聖謨

嘉永七年（安政元年、一八五四）、淡窓七十三歳。一月二十二日、池田郡代から鄭重な勧誘を受けて、郡代とともに、肥前田代に赴いて長崎よりの帰途の勘定奉行川路左衛門尉聖謨と大目附筒井肥前守政憲という幕府要人に相見しに出かけた。日田を発ち、関を通り、久喜宮を経て甘木に到り宿泊。二十三日、甘木を発って田代に到着、川路公の本陣において謁見を賜った。川路公は淡窓に対して鄭重な言葉を贈って敬意をあらわし、さらに談話数端も行なった。川路公は立って、自分の着ていた外套を脱いで、淡窓に被せ、以て相親の情を示した。淡窓から『遠思楼詩鈔』前・後編、『析玄』『義府』の四部の著書を贈呈した。この時、箕作阮甫が川路公に従行していたので、別に会食をし、『遠思楼詩

鈔』前・後編、『義府』を贈った。

二十四日、川路公が出発するのを範治・孝之助ともども送った。この日、大目附筒井肥前守政憲が、田代に到着するのを待つ。

大目附筒井肥前守政憲

大目附筒井公は、年七十六―七、「髪眉は浩然として上に鋭く下に豊なり、福相に和する有り」と、淡窓はその優れた風貌を記している（『甲寅新暦巻一、一月二十四日条）。大目附との対談は、謙吉のことに及び、筒井公は謙吉を「一世の詩人也」（同前書）と讃え、ただ恨むらくは、謙吉の都下逗留が浅いため、都下の詩風を一変させるには到っていないことを話している。

二十五日、田代を発ち、甘木・志波・久喜宮経由で、急ぎ日田に戻った。これは池田明府の行に合せたためであった。

田代行費用一切官費より出る

この田代行は、国君（府内侯）からの、午餐の提供がつづき、その他の経費等一切はすべて、代官府が提供した。淡窓は国君及び代官府からの厚遇に感謝するとともに、学者としての晩年が立派に飾られたことを喜び、末代まで忘れてはならない家門の名誉と記述している（同前書、一月二十七日条）。

眼疾大いに進む

五月十二日、持病の眼疾大いに進み、昏暈を覚えたり、専ら眼鏡を用いることにしたが、眼疾が淡窓を如何に苦しめつづけたかが記されている。

五月末の月旦評改定時の門人の数は、在塾生六十二人、外塾三十人、居家九人、帰省七十七人、合計百七十八人を数え、教勢は少しも衰退していない。この百七十八人の門生数は、六月末にも変化がなかった。

閏七月四日、久しく点検していなかった蔵書を調べて帳簿を作成し、貸借を厳重にして、紛失等のないようにした。

同七月二十八日、諸門生で学に勉めない者に対して策励を行なった。

八月五日、外塾を点検して各々に長を立て、規律を守らしめるよう諭した。

八月二十九日、『宜園百家詩』二編、三編の新刻が成って、浪華より到着。合計十二巻六冊、刻が頗る精美で淡窓を慰め、悦ばせるところがあった。

『宜園百家詩』二編、三編新刻到着十二巻六冊

十一月朔日、前月十日以来、宿病発起し、「病勢稍進」(『甲寅新暦』巻二、十一月朔日条)んだ(同前書同所)。十二月二十日の門生数は、合計百六十一人であった。

嘉永八年(安政二年、一八五五)、淡窓七十四歳。この年二月末の月旦評改定時の門生数は、合計百五十七人であった。

三月十六日、塾政を青邨範治に伝え、遍く塾生にこの事を伝えた。淡窓は五十年前、

塾政を範治に伝える。全塾生に発表

二十四歳のこの日を以て業を開き、正に五十年を経過した。一時塾政は旭荘に譲ったこともあったが、その時も講業はつづけた。これは全く絶世の偉業であることを淡窓自ら記している（『甲辰新暦』巻三、三月十六日条）。

この六月の門生数は百七十人を数えた。

『迂言』の刻成る

十一月二十一日、『淡窓小品』二本、脱稿したので、これを浪華の謙吉に送り、上梓を依頼した。

十二月四日『迂言』の刻成り、およそ六十部が河内屋茂兵衛より届けられ、淡窓は大いに慰められるところがあった。

淡窓ついに絶筆

安政三年（一八五六）、淡窓七十五歳。この年は、年始から日記の記載がない。二月十一日に至り「疾に罹ること久し。去臘月半に至って、更に困憊を加う。講業を全廃して、専ら薬を服する事とす。記録日暦を復すること能わず」（『甲寅新暦』巻五、二月十一日条）と僅かに記述している。

淡窓は、この年の二月二十一日迄、どうやら、絶え絶えに記しているが、二月二十日の入門生の名を録して筆を擱いている。

以後日記は、淡窓に代って林外孝之助が、七月二十一日からの淡窓の病状を詳しく筆記し、八月朔日で終っている。
淡窓の逝去は十一月一日であった。

第八　教育者としての淡窓

一　優れた教育組織者淡窓

五十年講業の連続

教育の組織者

淡窓の世界の驚きの一つは、五十年に及ぶ講業をつづけたその努力の絶大さと、門人たちを一人一人大切にしながら、咸宜園という私塾を経営し、塾生が何人に殖えようが、これを一つの組織と統轄の中に入れ、咸宜園を維持し、経営しつづけた、いわば教育組織者であったことである。

われわれが、さきの淡窓日記の記録にもとづき、門人の数を検討すると、在塾生の数は晩年に最高に達し、九十人前後の月がつづき、外塾生、居家の門生、帰郷中で現に塾に不在の者、合計して二百三十三人にも達していた。淡窓は几帳面に、晩年、死の直前まで、塾生、外塾生、居家生、帰省中の門生に分類して、その月の月旦評改定の日（はじめ月はじめであったが、門人の数が増加するにつれて、月末、二十五-六日に月旦評の改定を行ない、月のはじめ

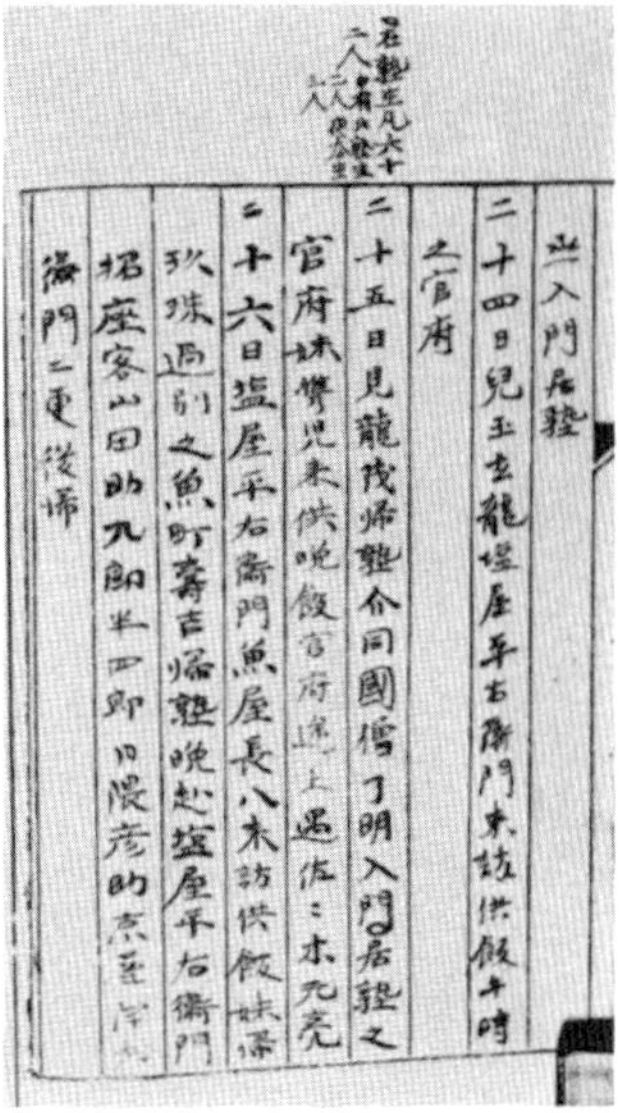

『淡窓日記』中の塾勢の記載

に塾に公示していた）に、在籍門人（塾生、外塾生、居家生）、帰省中のもの、すなわち淡窓の門より正式に離脱していない、小帰（休暇をとって郷里に所要で出かけ、塾に不在）の者まで、門生として月旦評を毎月是正し、姓名を明記した門人一覧表を作成していった。このため、われわれは現在において、その約五十年間の塾勢を正確に知ることができる。

門人数の正確な把握

この門生の正確な把握を常に実施し、すべての門生が、確実に淡窓に掌握されたことは塾発展、門生の教育徹底の決定的要因となった。淡窓における他にその類を見ない塾勢の発展の基礎がここにあった。淡窓の教育組織力の見事さというのは、この門生の見事な掌握にあったといってよいであろう。

淡窓の教育組織力を物語る第二の点は、最盛時、百人近くにもなった塾生の見事な統轄力である。

淡窓の塾生統轄力

「三奪の法」の正確な実施

その統轄の第一点は、入門者の入門時までにその身に着いている、他との格差になるものをすべて奪い去ったことである。いわゆる「三奪の法」の厳格な実施である。前述のように、第一に年齢の高下を問題にしない。すなわち、すべての入門者は入門時において自己の年齢を意識から除き、入門時の先後が、長幼の分れ目とし、第二に咸宜園に入門するまでどのような師について、如何に学んだかも、また、一切捨て去らせた。入門者が淡窓の真の弟子になるためには、過去における自分の学びしものをすべて捨てなければ、真に淡窓の門弟とはなり得ないとする、この一点、まさに重大事で、淡窓は厳重にこれを実行した。第三の点すなわち、入門生が入門時まで、世俗で如何なる地位にあったか、すなわち、本人及び父兄の社会的身分、地位を一切問題にしない。咸宜園での門生の尊卑は、すべて月旦評に載せられる自己の地位において決められるという、封建社会では考えられないような社会的階級性の否定を打ち出した点であった。

月旦評のもつ封建的社会的身分制の否定

この三奪の実施で、淡窓は、すべての門生に完全に同等に接し、指導を行なった。

塾中における自己勉学の奨励

淡窓の門生統轄の原点となる第三は、在塾中、自己の努力、勉学によって、その成果が月旦評で明白に分かる点であった。咸宜園では教師は淡窓唯一人、この下で門生は、先輩たちに教わり、また自学しながら、毎月の月例試験を受けて、自己の在級の次第を知らされる。まず自らが苦心し研学して、制度的に示された課程を修了していく、その度に試業がある。これによって、自己の勉学の次第が公平に判断されていく。淡窓晩年に近づくに従って、級の差等も細分化され、課程終了の試業も、真権の制によって、きびしくなっていく。全力を注いで努力して九級に到達しても、まだ課せされた課程のすべてが修了していない場合、その者は権位に留まる。そしてさらに権を消す努力「消権」に力を注いで、はじめて真の九級に到達し、全課程の修了がなされる。

「消権」

この開かれた成績制度、すべてが自己の研学努力にかかっている咸宜園独持の制度は、全国から集まった門人たちを、無言の中にきびしく勉学に推進させるに大いに役立った。

塾生のすべてに分職を与える

咸宜園教育の特徴の一つは、門生（正確には在塾生）のすべてに、その在級の次第によって、分職という、塾生活の各面での職務分掌が厳格になされていたことである。いわば自学自習自治の塾生活において、その成績を示す在級の等差によって、上は都講・舎長等から、下は塾舎の清掃係まで、すべて分職があり、塾生の分職の総体が、咸宜園の塾生活（勉学と生活のすべて）の総体となっていたといってよい。誰一人として、分職のない者はなく、毎月の月旦評での位置づけによって、少しずつ変化があった。第三代林外時代には分職に「展監（げきかん）」があったが、これは、塾生たちの下駄を常に揃える役目であった。

大人数の荒っぽい青年たちの塾生活に、ある秩序を保持するための分職がいろいろと工夫されたのである。

入退塾の自由

咸宜園の特徴の第二は、当時の、他の塾もほぼそうであったが、入門、大帰（塾での勉学を終って、郷里に帰ること）に時期の制限がなかったこと、要するにいつ入門し、いつ大帰しても構わなかったことであった。すべて入門生の覚悟にまかせられていた。

幾年在塾しておれば、どのような資格なり、表彰が得られるか、など一切無かった。五年入塾して、あと一息で最高位の九級になるかも知れない門生も、あと一息の努力を傾注するより以外何の手段もなかった。すべて自学の実力競争の世界であった。

このことは、極めて冷酷な学業の世界のようであるが、この、すべて零からの発起で、自学研修の成果が確実にあらわれていく咸宜園の制度は、門戸をすべて開け放った世界として、すべてに身分がつきまとい、自身の実力のためしようもなかった当時の世界にあっては、若い門生たちを魅きつける最も大切な咸宜園の仕組みであった。

教師淡窓を扶ける補助者

次に注目すべき淡窓の教育組織のあらわれは、都講を頂点とする、門生の優秀な者に、淡窓の教授及び塾政総攬の業務を補助させたことである。もし、この制がなかったら、淡窓一人の力量の限界で門生も大きく制限しなければならない。

二　都講、武谷祐之

武谷祐之
『南柯一夢』

武谷祐之は筑前福岡から、天保七年に入門し、学問極めて伸長して都講に上り、天保十四年の五月、都講を辞して、大帰したのである。祐之が筆記した『南柯一夢』は、その自叙伝であるが、その「天の巻」の初頭は、祐之が入門講業をうけた広瀬淡窓の咸宜園の生活と勉学の実際を相当克明に記述した、天保期咸宜園研究の第一等史料である。祐之はその中で、「蚤旦講義、都講・副監・舎長一二名ニテ之ヲ司ル。朝飯後、翁ノ講義アリ、経史子詩文集、生徒ノ請ニ応シテ二書ヲ講ス。講前礼謁アルコトアリ、月ニ三・四回タリ」と記している（井上忠校訂、武谷祐之『南柯一夢』九州文化史研究所紀要第十号、昭和三十八年）。

武谷祐之、勉学時の塾の生活

早朝の講義は、都講、副監（副都講）、舎長等が一―二名交代でこれに当り、朝食後、淡窓の講義がなされる。淡窓の講義の直前に全門生が級席の順で淡窓先生に礼謁をすることがある。これが月に三―四回であったと記している。

塾生の最高幹部が、早朝の講義を担当し、淡窓は、朝食後講義を行ない、講が終ると、質問や詩文の推敲を塾生が先生に願い出て、先生は講堂の第一の間でそれに応じる。

了リテ素読ヲ授ク、五級六級ノ生多ク之ニ任ス、素読師ト云フ、午後月ニ九回試業ノ場ヲ開クナリ

素読・句読を授く

儒学の最も重要な基本である素読は、淡窓が担当したのは、講業をはじめて五年目の頃、郡代羽倉秘救の息、左門（簡堂）が、日田を去る文化七年の頃までであろうと思われる。羽倉左門の幼少の頃から素読より始まる儒業を淡窓自ら担当し、淡窓は魚町の生家に居住し、桂林園と官府の間を往来していたことが『懐旧楼筆記』巻十一及び『淡窓日記』巻之上によって想定できる。漢学はまず「句読ヲ授ク」または「句読ヲ授カル」ことから始まるのである。「読む」ことの意義が漢学にあっては最高に位置づけられている。

淡窓は羽倉左門素読の師

この「句読ヲ授ケル」素読を、まず師は弟子に行なうことから儒業は始まる。淡窓にあっては、羽倉秘救・左門父子の官府在任中は、自ら官府と桂林園で行なっており、羽倉父子が東上してからは、長福寺講業時からの門弟が五‐六年淡窓先生に就いて勉学をつづけており、この頃から先生に代って、句読を授ける役を荷なったようである。

塾主、教授は、この段階で、高弟が句読を若弟子たちに授けているのを傍から検分し

「句読ヲ授クルヲ検ス」

ている。「句読ヲ授クルヲ検ス」という用語が淡窓の諸記述には載っているが、このように高弟が句読をつけることが咸宜園では当然であった。そして淡窓がそれを検し、自らは、会読、輪読をも指導していく。門弟も、文化六-七年には、長福寺講業開始の始めより淡窓に従った数名の者はそれぞれ弟の正蔵（後の久兵衛）、諫山安民、館林伊織、堯立（虚舟）、小関享、村上俊民、河南大路、田島蘭秀等々が、淡窓の薫陶五ヵ年を経て十分に育っていた。淡窓は彼等にそれぞれ分職を与えるとともに、門弟の働きを検分し、指導していったのである。

席序表

咸宜園塾生に対する師淡窓は、以上のように各塾生に、級等に相応した任務を与えて、自発学習へ向って誘導するという抜群の指導力、統轄力を発揮していく一方、武谷祐之が記すように、月に、三-四回、淡窓先生の講前礼謁があって、その時は、係の一人が月旦評にもとづく席序表によって、順次門生名を読みあげる。門生は一人ずつ、師の前に進み出て、礼をとる。それが終って、講業、それが終って、質問、詩文推敲について先生の指導を受ける。この制度は、多数の門生の一人一人を、月に三-四回、個別に面謁して、はげましをしていくとともに、各自の学業上の問題点を、受けとめて、それの指導をすることであり、淡窓ならではの門生指導法であった。祐之はいう、

「偏固狭隘に陥らず其の材を達す」

生徒ヲ教育スル偏固狭隘ニ陥ラス、務メテ其材ヲ達スルヲ主トスル。(同前書)

当時の学者の常であった、学派学統に立って、素読から、厳重にその流派の方法に制約していくということでなく、各門人の本来持てるものの伸長を期待することであった。このことは教育の核心に触れるところで、これあってこそ、咸宜園出身者から、多岐多方面にさらに発展して、「其材ヲ達」した人が輩出したのである。

一方では厳正公平な門生の受け入れ、そして入門した門生に対しては、一人一人を大切に見守りながら、その持って生まれた才能の伸びゆくことを期待しつつ、指導をしていく、これに勝る教育の道は、先ず見当らないといってよいであろう。

三　通　儒

淡窓の学風

咸宜園入門者が年とともにその数を増し、その門人がよくつづいて淡窓先生の指導を受けていく、その理由について、いま考察しつつあるのであるが、前に引用した武谷祐之の『南柯一夢』の一節に淡窓先生の学風についてふれているところに注目しなければならない。それは、「翁ノ学敬天ヲ主トシ、処義制数ヲ用トス。経ヲ解ク新旧ニ拘泥セズ唯本文ニ折衷シ、書ヲ読ム内外古今ヲ問ワス唯其適用ヲ採ル」（同前書）と述べている箇所は広く門生参集の原因の一つと考えられる重要箇所である。

折衷学派

儒学は学統学派がきびしく、日本では幕末では、学統学派を超えて、大きく儒学の目的を目指すいわゆる「折衷学派」が、次第に発展していた。中国では考えられない、儒学の学統学派の妥協的存在であるかも知れない。しかし、日本では、封建体制が崩壊過程に突入していく中、封建教学たる儒学が、学統学派に拘泥しないで、自由な立場で孔孟に接近しようとしたものが、折衷学派といってよいであろう。中西淡淵の派、細井平洲の派、片山兼山・井上金蛾派などその主たる流派であろう。

淡窓の場合、どの折衷派に属するかは論外で、淡窓の学の形成それ自体、淡窓流の折衷的立場が形成されたといってよいであろう。淡窓の師は亀井昭陽であり、淡窓が筑前福岡に遊学した時は、南冥は、藩より黜責（ちゅっせき）を受けて謹慎状態であり、亀井塾は昭陽がやっと、肩身を狭くして講業を行なっている状況であり、淡窓は、自分自身が、亀井塾在塾が短期間であったことと、そのためでもあるが、亀井家の徂徠学系統をしっかり身につけることが出来なかったのであった。昭陽との交際は、亀井家椿事をはさんで、師弟の節度において、昭陽死去の時まで、さらには昭陽の室の死去の時までつづいていたが、亀井南冥が世に唱導し、子の昭陽が継承した亀井家流の儒学、――すなわち、徂徠派に立つ古学を、篤と昭陽から伝授されたということではなかった。むしろ、儒学学習の手ほどきを受けた程度と考えてよいであろう。

その上淡窓は生来多病で、その生涯は闘病の歴史でもある。特に青年期に患って、後年老境に達しても苦しみ抜いた眼病は、淡窓の学問を一つの制約の下におくことになった。二十八歳の文化六年、眼病治療のため、筑前須恵の眼科の名医田原養伯のもとに行き治療をうけている（『懐旧楼筆記』巻十三）。そして眼疾は持病となって、晩年までつづく。淡窓は筆記する。「予此病ヲ得シヨリ、今ニ至ル迄四十年、病勢ススマズ、退カズ、田原ガ予メハカリシガ如シ、（中略）病動ク度ゴトニ全ク旧ニ復スルコト能ハズ、漸々ニ衰ヲ覚エタリ、今ハ病眼ト老眼ト交々相催シタリ、其ノ衰フルモ宜ナルカナ。予此病ヲ得シヨリ唐本ヲ読ムコトヲ得ズ、灯下ニ書ヲ看ルコトヲ得ス、其他眼力ヲ用フルコト少シク度ニ過グレバ、忽チ祟リヲナセリ」（『懐旧楼筆記』巻十三）。

儒書の精読不可能

このため、儒書を克明に精読することは不可能で、学統学派的読み方でなく、その儒書のいわんとするところの大要を把握して、それの適用こそ学問の生命とした。祐之が

唯其適用ヲ採ル

記述している如く、「書ヲ読ム内外古今ヲ問ワス唯其適用ヲ採ル」とはこのことを指す。

学統学派に立っての読書は、古註、新註のいずれを採るかに、すべてがかかっていたのであるが、淡窓は、むしろ、平気でその書物の意味大要を如何に把握するかに重点を置いた。

このようであったから、「生徒ヲ教育スル偏固狭隘ニ陥ラズ」に、のびのびと門人の持てる材を伸ばしていくことができた。

世の儒学者は、師より授かった学統の紊れを防ぐため、一言一句を厳格に、その学派の読み方、意味のとり方を厳守していった。これは学統学派の正統な継承には大切であっても、門生教導の上からは、偏固狭隘なものとして受けとられることとなる。その点、淡窓は、細事に拘泥せず、伸々とその門生の材の伸長の上から、指導するので、そこには、自由の雰囲気、闊達な空気が支配的であった。ここに全国から門生が、是非咸宜園で学んで学問の基礎を身につけ、次の学問へ飛躍していくという空気が自ら成り立ち、それがさらに門生を魅きつけることになったと考えられる。

文玄先生之碑

淡窓は死期の近い安政三年十月、病床で自ら墓碑銘を書いた。「文玄先生之碑」として墓所の長生園の中に現存している。淡窓の子として迎えられた、孝之助林外は、淡窓が常日頃、世に多い生前の功を強調した「諛墓之辞」をきらって、自ら、墓碑銘を、重病

「諛墓之辞」を避く

淡窓自撰墓誌銘（考之助林外補、謙吉旭荘筆。『咸宜園写真帖』より）

文玄先生之碑

苓陽先生諱は建、字は子基、一に淡窓と号す。通称求馬、豊後日田の人、家、世々市井に住す。先生幼より多病、農商の業に耐えず、力を読書に専らにし、遂に儒を業とし、弟子を教育すること前後三千余人。官その教授の広きに及ぶを賞し、特に世々姓を称し刀を帯ぶることを許し、県府に直隷せしむ。その学は大観を主とし、人と同異を争わず、旁ら仏老を喜ぶ。世、称して通儒と曰う。著すところ遠思楼集前後編・析玄・義府・迂言・淡窓小品・老子摘解、皆世に梓行せらる。天明壬寅に生れ安政丙辰に没す。寿七十五、中城村の新兆に葬り、門人私に文玄先生と諡（おくりな）す。遺命して曰く。精神は天に帰す。骨肉は遺蛻（いせい）なり。然れども子孫たるもの則ち埋葬せざるべからず。その事業を表すに至っては、何ぞ一片石を仮らんやと。銘に曰く、何の称述するところぞ、一個の散儒、我が志を知らんと欲すれば我が遺書を視よと。

安政四年丙申十月自ら撰す。弟謙謹しんで書す。

先考、生平諛墓の辞を厭う。彌留る時自ら墓誌銘を撰することかくの如し。不肖、孝謹しんで没以下二十三字を塡め、余は敢て一字をも増減せずして本生父に書を請う。

安政四年歳次丁巳正月中澣、不肖、孝謹しんで識す。

の中で撰したことを後書きの中に刻んでいるが、この墓銘の中で、「その学は大観を主とし、人と同異を争わず、旁ら仏老を喜ぶ。世、称して通儒と曰う」と述べている点に注目しなければならない。

ここでいう通儒とは、儒学一般に通じているということ、いいかえれば、特定の学説を信奉して、それを強調し、その学説・学統・学派に忠実に講説する型の儒者ではなく、広く儒学一般に通暁して、学説・学派へのかたよりはない、ということであろう。そのため、他に学説の争いはしない、儒学の大観・概括をする型の儒者の意である。

武谷祐之が『南柯一夢』の中で、「経ヲ解ク新古ニ拘泥セス唯本人ニ折衷シ、書ヲ読ム内外古今ヲ問ワス唯其適用ヲ採ル」と淡窓の学風を概括しているのも、ここの「通儒」に通じる。

世の、文字を知り、漢籍を読む力をつけたい若者は、学統学派に通暁する意欲は、まずは持たない。また、その父兄も、その子が学統学派を継承する学者となることを、一般的には期待していない。まずは文字を知り、漢籍を読む能力を身につけ、次の段階の勉学が可能となることを希望していると考えてよいであろう。そうであれば、淡窓の右のような学風は、まさに、当時の世の風潮に合致したと考えられる。淡窓の指導の中に入ることを希望する若者が多かった理由の一つはここに存在する。

四 詩作教育

咸宜園教育の特徴の一つに、詩作教育の重視がある。淡窓自らが愛好家であり、詩作者であったことは、あらためていうまでもないことである。淡窓は弟子との雑談の中に、詩作の如何に意義があるかを物語っている。『夜雨寮筆記』巻三に、秦韶春甫の、詩を学ぶことは如何なる利があるかとの質問に応えて、詳しく解答している。

吾子、試ミニ読書ノ人中ニ於テ、詩ヲ作ル人ト、詩ヲ好マサル人ト、異ナル所ヲ見ルヘシ。詩ヲ作ル人ハ温潤ナリ。詩ヲ好マサル人ハ刻薄ナリ。詩ヲ作ルモノハ通達ナリ。詩ヲ作ラサルモノハ偏僻ナリ。詩ヲ作ルモノハ文雅ナリ。詩ヲ作ラサルモノハ野鄙ナリ。其故何ソヤ。詩ハ情ヨリ出ルモノナリ。詩ヲ好マサルハ、其人天性情ナキカ故ナリ。若シコレヲシテ詩ヲ学ハシメハ、自然ト情ヲ生スヘケレド、己レカ性偏ナル所ヨリシテ、勉強シテ学ブコト能ハス。愈〻無情ノ窟ニ落ツルナリ。凡ソ人ノ心中ヲ二ツニ分クレハ、意ト情トナリ。意ハ是非利害ヲ判断シテ、有益ノ事ハ之ヲ為シ、無益ノ事ハ為サス、是意ノ職ナリ。サテ無益ト云フコトハ知リテモ、忍ヒ難ク、棄テ難キ所、是レ情ナリ。(中略)故ニ人ニシテ情ナキハ、木石ニ同ジ。詩文ノ道、文ハ意ヲ述フルコトヲ主トリ、詩ハ情ヲ述ブルコトヲ主ル。故ニ無情ノ人ハ、必ス詩ヲ作ルコト能ハス。作リテモ詩ニナラス。カクノ如キノ人ハ方正端厳ノ君子ナリト雖モ、其行事必ス人情ヲ尽ササル所アリ。孔子曰、温柔敦厚ハ詩ノ教ナリト。此四字、唯一ツノ情ノ字ヲ形容スルノミ。是レ予カ弟子ヲシテ詩ヲ学ハシムル所以ナリ。吾子詩ヲ好ムカ故ニ、談此ニ及ヘリ。慎ンテ門外漢ト之ヲ云フコトナカレ。

(『増補淡窓全集』上巻)

淡窓は詩の作用を右のように評価し、人が情の働きを無視したり、また詩の作用を過少評価した場合、人間形成の作用さえ失われるという。また『淡窓詩話』(岩波文庫、長寿吉校訂、昭和四十三年)に於て、「孔子曰ク、温柔敦厚ハ詩ノ教ナリト。温柔敦厚ノ四字、唯一ノ情ノ字ヲ形容スルノミ、是レ予ガ弟子ヲシテ詩ヲ学バシムル所以ナリ」と述べている。人間形成の標的を情に絞るとき、詩作教育は、人間をして、その本然の性において伸長させると淡窓はいうのである。

温柔敦厚

『淡窓詩話』

大村藩学風の批判

天保十三年、第一回の大村行より日田に帰省した十二月上旬の『懐旧楼筆記』巻四十八に、淡窓は、大村藩の学風を批判して記述している。まず大村の士風として学を好む者が少ないこと、学校の制度も、先々侯が学を好む人であったため、その時代は学館で学ぶ者も多かったが、先君の時代の中途、学校は衰退し、当君になって、何とか前の盛時に復すべく努力したがなかなか振わず、朝川善庵、及び旭荘をも招聘して、学校の事の振起をはかったが成功に至らず、淡窓が招聘をうけて、大村に行って、学校振起の基礎として月旦評の制を設け、学館で学ぶ者に、学問の進度に基づき差等を設けることになって、漸く勉学の課程の事も大いに緒についたと考えるが、自分が大村を去って、また衰退したと考えられるとし、大村の学風が訓詁のみで、詩文を事とせず、さらに博覧に努力せず、ただ才学のある者は、皆、佐藤一斎、及び朝川善庵両大儒の系統より出て、淡窓父子、すなわち、淡窓と旭荘両者の学風に立っていない。それ故、淡窓は、自分が大村に在る場合は、君命によって自分の門に就いて、自分の指導を受けたが、自分が大村を去ってからは、またまた、旧に戻って学校衰退の一途をたどったと考えられると、大村より日田に帰着してすぐ記述していることに注意しなければならない。

訓詁のみで詩文を事とせず

訓詁のみに力を注ぐ学風は、淡窓の学風ではない。詩文を中心に、門生各自がそれぞ

「情を伸べる」

れ「情を伸べる」ことに教育の中心を置こうとする淡窓流の教育中心の学風は、すぐには定着しないだろうと、淡窓は、見事に見抜いたわけである。

淡窓講業開始の文化二年、すなわち、淡窓の門生教育の初頭の詩が『懐旧楼筆記』巻十一に載せられている。淡窓はこの四箇の絶句を「少年ノ詩事実ヲ失ヒ、時情ニ切ナラス」と反省している。いわゆる弟子取り当初の詩を重視して深い反省を加えた。淡窓は未熟、未推敲の詩としているが、古寺の楼を借りて、自らは儒服を着けて、年少の者の教育に当る気慨が感じられる。

亀井塾の小琴のこと

淡窓が亀井塾に入って修学していた時、昭陽先生に女児が出生した。小琴と名附けられたが、その後幼くして経史に通じ、詩画を善くする人として名声が上っていた。彼女は今十二歳（文化六年現在）、淡窓には彼女に贈る詩があった。

　少女詩を作る彤管軽なり、
　洋々たる南雅人をして驚かしむ。
　国風千歳清紫を推す、
　多くは是れ鄭声衛声を兼ぬ。

彼女小琴は長成の後、門人三苫源吾を以て贅婿とし、姓を改めて亀井と称した。源吾もまた淡窓とよく知れる仲であった。淡窓は少女小琴には懐旧の情があった。二度目の大村行の帰途、武雄から筑前路を取って、深江、前原、今宿と、一路東行した時、今宿で亀井源吾と、その妻小琴に会っている。「小琴今年四十八ナリ。源吾鬢髪皓然タリ、小琴亦老イタリ」（『懐旧楼筆記』巻五十五）と筆録している。

夫源吾と妻小琴に会う

五　淡窓の詩会

亀井塾修学時代の詩会

淡窓は亀井塾修学時代、月に三度の文会と同じく三度の詩会に参加し、大変な訓練をうけた。淡窓としては、そのような訓練を受けていなかったので、会の席上いきなり、詩作をしたり、一文を草することは、心理的にも、自己の教養の上からも無理であった。しかし、十人未満の参会の門弟の中に交って、懸命に、その負荷された詩文の負担に耐えていった。淡窓が、後年、『懐旧楼筆記』を記述した時、当時をふりかえって述べた文は、

月に文会三度、詩会三度

月ニ文会三度、詩会三度ナリ。コレハ出席ノ徒十人ニ不過。余始テ至リシトキハ、彼ノ風ニナラハス、摧折セラルルコト多シ。半年ノ後ニ至ッテ発達シタリ。明春帰

省ノ時、先生余ニ語リテ、子が始テキタリシトキハ、甚ダ平々タリ。今ハ大ニ伸ヒタリトノ玉ヒシ。余此秋ニ当リテ遂ニ田煖之ヲ送ルノ序ヲ作レリ。先生大ニ賞美アリ。其批評ノ草稿、家ニ蔵セリ。(『懐旧楼筆記』巻七)

このように淡窓は、その青少の頃、亀井塾で、いきなり詩会、文会で作詩、作文の訓練を受けたのであった。淡窓が後年、自ら塾を開いた時、如何ばかりその訓練が参考になったことであろうか。

淡窓の詩会

情を伸ぶるための作詩、作文は、淡窓にあっては塾生活の中にたくみに採り入れられた。詩会を月に何度か開き、淡窓の知友、親戚を交え、それに在塾の有志も加わって、開催し、その時はよく酒食を共にして詩作に興じたようである。

桂林園時代の詩会

文化十年十一月晦日、この年はまだ桂林園講業時代で、前月十七日は、淡窓の妹ナチが、玖珠の麻生家に養子として入った伊織(旧姓館林、伯父月化の孫に当る)の妻として嫁し、淡窓は十五歳下の妹を思い、「シキリニ落涙ニ及ベリ」(『懐旧楼筆記』巻十五)と記述している。その翌十一月の晦日、日田の年寄三松寛右衛門が、別荘に淡窓他五名の客を呼んで宴を設けたが、桂林園の淡窓の弟子も数名が招かれ同席した。その宴で淡窓は絶句二首を作って、主人に贈っている。

その中の一首は、

竹屋松扉水一方なり、
此の中、自ら世と相忘る。
窓前の遍種草花を名づく、
半夜幽人亦香を夢みる。

この時、師淡窓に従行した門弟は、僧法海、僧東海、僧円隆、その他三松斎寿、鍋屋久右衛門が同席している。三松家・鍋屋家ともに日田の豪商の中に数えられる人々である。

中島益多大帰直後の詩会

文化十五年(文政元)正月十六日、淡窓は家で詩会を催した。この六日前の十日には、中島益多(子玉)が郷里の佐伯に大帰した。益多は二年前の春入門し、短期間で学業昇進し、その俊才ぶりは誠に目を驚かす程であった。昨年来、都講となり塾政を幹理して、その手腕は全く宜しきを得、今日迄、多くの門弟を教えて来たが、益多に勝る門生は居ないとの感慨を『懐旧楼筆記』巻十八に筆記し、「其帰ルニ及ンテ、殆ト左右ノ手ヲ失フカ如シ」(同前書)と記した淡窓であった。

文政四年九月晦日の山遊は七十六歳の月化夫妻、父桃秋七十二歳、従行する者を入れ

月化七十六歳にて死去

月化と一緒の山遊の最後

て四十人の大勢での山遊で、後年になっても忘れることのできない山遊びであった。月化は翌文政五年一月晦日、七十六歳を以て死去。淡窓は、この外遊を以て、月化と一緒の出遊は最後であることを感慨深く記している（『懐旧楼筆記』巻二十一）。

淡窓はまた、たびたび遠思楼で月を賞する詩会を催したり、塾生一同を率いて山や川に出遊して塾生の気分一新に努力した。そのあと必ず詩作をさせて各々の情を伸ばすことにつとめた。淡窓の日記や筆記には、しばしばこの山遊、川遊等が記されており、その節必ず淡窓は詩作をしている。

文政九年、七首の律詩

淡窓は遠思楼に在って、しばしば詩作にはげんだ。文政九年の夏秋の頃七首の律詩を詠んだが、内五首が『遠思楼詩鈔』巻下に収められた。淡窓の淡窓らしい詩として好評を得て今日に至っているものである。

堀田村のト居を出て弟子と散歩、作詩行となる

「村居雑詩」

また淡窓は堀田村のト居を愛好し、宿疾の軽快な時は、しばしば塾生とともに附近を逍遙して風光を賞でて詩作をした。弟子も必ずや同じく作詩をしたと思われる。『遠思楼詩鈔』巻下に「村居雑詩」八首が載せられているが、『懐旧楼筆記』巻二十五にはその中四首が採られている。当時（文政九年、秋）天領の「粗粟」を長崎に送るため、玖珠方面のものは隈川に、日田地域のものは豆田川に出し、舟運で筑後川との国境の関邨（せきむら）の官倉に

収め、その後、筑後川を下流まで舟で輸送し、それを海運で長崎、大坂方面に運搬する方法が開発され、官府の事業として、隈川と豆田川の川浚えと、官倉の建設が成って、天領日田郡、玖珠方面の米穀の運搬が大いに便となった。その大事業の着手の頃、淡窓は病臥していたが、病癒えて、今秋附近を散歩して、見聞するを得たことを詠んだ律詩三首が『懐旧楼筆記』巻二十五に収められている（『遠思楼詩鈔』巻下には八首が載せられている）。塾生を連れての咸宜園附近の閑歩は、淡窓の最も愛好した風流であった。その一は、

東西塾を間歩して、
南北の楼に小眠す。
蒲団は行処に具わり、
草履して倦んで時に休む。
葉は簾に墜ちて、
花は籬柵（りさく）に開く秋（とき）。
病余のためなお酒を止む、
何を策して幽愁を破らん。

その第二は、

行楽何の辺か好む、
逍遙して篳門を出づれば、
新溝は故澮を通じ、
独樹隣村を界す。
鶴を聴く時孤立せり、
僧に逢うて偶一言。
官倉は方に穀を納め、
鶏鶩（けいぼく）は蜂屯（ほうとん）に似たり。

であった。

またこの秋冬の頃、家人門生数人と舟に乗って、新原の児玉茂宅を訪問した。この行は病後、人を訪問したはじめてであった。一詩あり、

塾路は趣と成り難く、
渠流は溯洄を試む。
波に垂るる老柳無く、
石に帯する新苔あり。

舟は已に螺を吹いて去り、
人は方に闇を放って来る。
山は好んで我を迎えて笑う、
安坐して興悠なる哉。

塾生たちも必ずや一詩を作って、先生に呈し、添削を受けたことであろう。

淡窓塾の生活はかように、淡窓の講業の予定外の行動があり、殆ど塾生が十数人、あるいは数名が従行を誘われて、同行し、その時、淡窓は必ず作詩をし、また従行の門弟に詩作を奨励したのである。これが、桂林園から咸宜園につづく淡窓塾の姿であった。詩会もたびたび行なわれ、淡窓の知友の外に、塾生もまた招かれて、酒を飲み、宴を開いて、風流を楽しんだのである。

肥前田代東明館に講じる

文政十二年、この夏五月淡窓は招かれて、肥前田代に招聘され、東明館に講じた。この学館でも淡窓流の学校経営を貫き教え、その効のあがるのを期待した。月旦評、学科課程の制を布いた。六月半ばに日田へ帰り、六月二十七日、謙吉が田代に往き淡窓に代って東明館を取りしきり、謙吉も八月に入って日田に帰着した。

六　放　学

「放学」

咸宜園での淡窓の門生教育の特徴として、前述のような諸点の外に、「放学」があった。放学とは、定められた講業、自学自習の日課があり、それの積み重ねが毎月の課業であったが、淡窓側の都合で、その予定の日課を一日ないし二日、全廃して、塾生たちを自由にし、これによって塾生は、きびしい毎日の日課から解放されて、あるいは山に遊び、渓流を探勝して、大いに解放感を味わい、これによって日常の抑圧感を解消し、鬱積の情を無くして、翌日からの学業にはげんでいくことができた。『淡窓日記』や『懐旧楼筆記』の到る所で「放学」の記事が出てくる。「情を伸ばす」、「情を高める」ことを教育の中心に置いた淡窓の、塾教育の巧みさが、この塾生全体の見事な統轄ぶりの中に出ている。われわれは、第一の基礎資料、『日記』に出てくる「放学」を点検して、淡窓は何時、如何なる時に放学の挙に出たかを検証することにする。

塾生を厳重な塾規律から解放してやる必要

放学は見事な塾生活、指導統轄法

廃講と放学

淡窓は病弱のため、日常生活も絶えず疾病との闘いであった。そして、病状が重い時は講を休んだ。但しこの場合は「廃レ講」と記して、放学とは記していない。「廃レ講」の

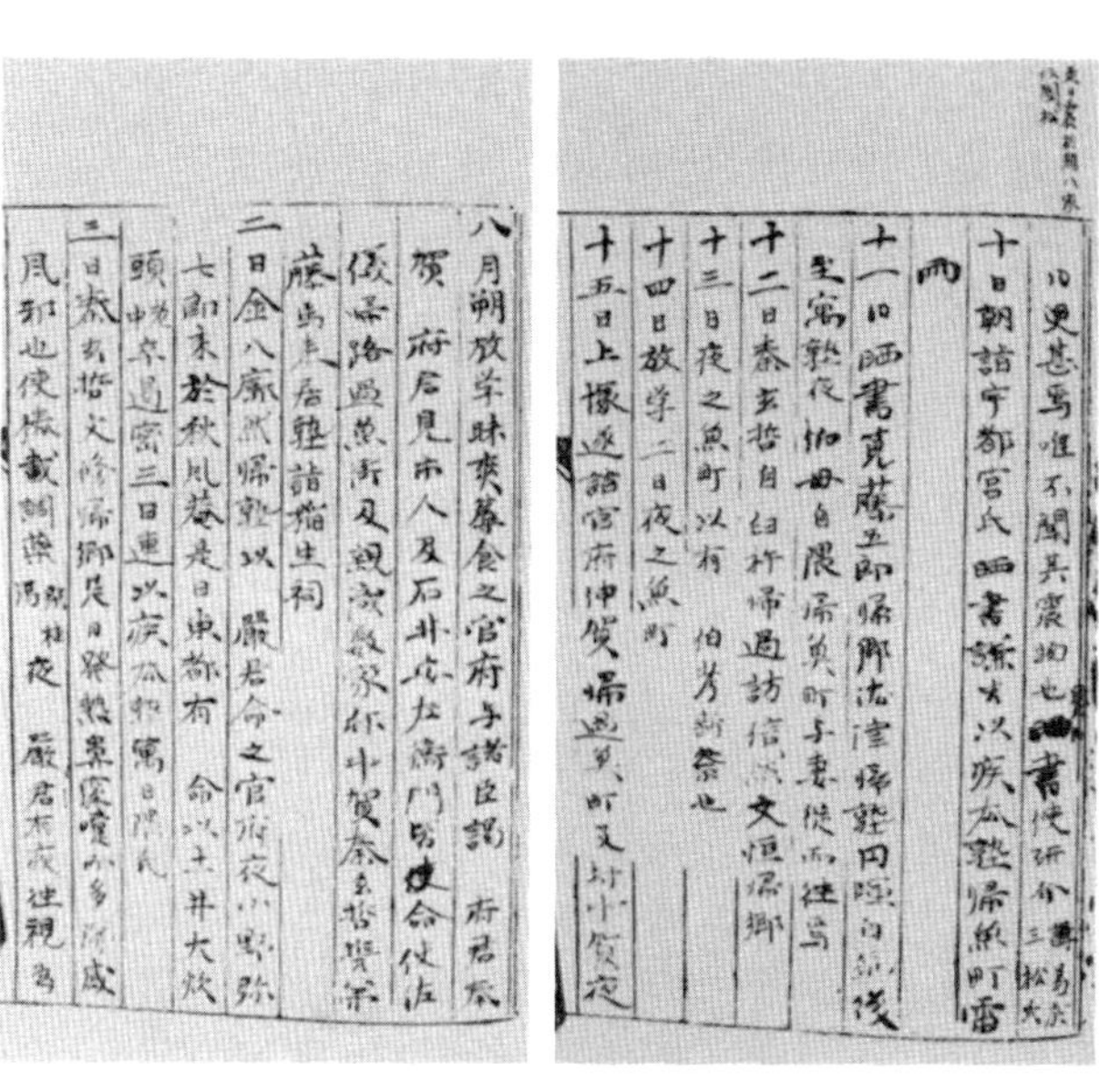

『淡窓日記』中の晒書，放学の記載条

初見は、文化十年十一月八日の条で「八日　十八史略の講を廃す」と簡単な記述である。前の七日には左目の痛、夜間には歯痛と腹痛が起って、淡窓は非常に苦しんでいる。その翌々日の十日は歯痛はほぼ治まったが、終日講業を休んだとある。しかしこの度の発病は比較的軽くて済み、十九日の午後、友人、知人、門弟の幹部等七名と晩晴楼に会して酒を飲み、詩を賦して夜になって帰ったと記録している（『淡窓日記』巻之一上）。

　文化十一年六月十五日の条は「諸講を休む。昨及今日。郷俗は祇園祭に行く。例の如し」とあり、六月十四‐十五日の両日、塾生を祇園祭に行かせるため、休講にしている。「例の如し」とあるので、この『日記』記載以前の、六月半ばの祇園祭の両日も、講を休んで、塾生たちの情を伸ばしてやっていたようである。そして、この頃は淡窓の体調は宜しいようで、秋月から出遊して来た古処原震平を二‐三日間客として招待し、数名の知友と共に酒を飲んだことが記されている。

七月十五日の中元の日も「休講」とし、郷俗である盆祭りに塾生の外出することを許している。

八月初旬に三日ほどの晒書があった

八月に入ると初旬に、三日ほど「晒書」がなされ、蔵書の保全に努力がされている。

文化十三年四月九日の『日記』には、「頭痛愈ず。官府、桂林行を罷む」と、体調の悪化が記されている。その前月二日には「眼疾更に進む」とあり、十四日の条にはただ一行、「夜安睡する能わず」と記し、安眠も不可能な体調に陥ったことを記述している。しかし、官府への出講と桂林園での講業は懸命に頑張っている。

豪作の急死

この年七月九日、佐伯藩より藩の資をもらって遊学していた中島益多、古田豪作の二人の俊才の中、古田豪作が急死するという事件がおこった。豪作は淡窓愛顧の門弟であった。豪作が病にかかり、わずか数日で急死したことを記した『日記』の記述には、「嗚

新塾構築の時に淡窓夫妻の住居も塾に隣接する

月半ば十五日の放学月半ばの放学始まる

呼哀しい哉」が三回繰返して述べられている。多分脚気衝心だったらしいのであるが、淡窓は愛弟子を十分介抱することも出来ずに永別した事の重大さを思い、心を傷つけられること切なるものがあった。翌年には堀田村の伯父月化の棲む秋風庵に隣接して新塾咸宜園を営むのであるが、淡窓夫妻の居家も、塾に隣接して構築することにしたのは、この桂林園時代の古田豪作の急死と、師であった自分が側にいない状況であったことを反省した淡窓の、今後は、塾生と共に生活して塾の経営をしていくという決意によったものであった。

この年の八月十五日、『日記』ははじめて「放学」を記した。この月のはじめから「眼痛」に苦しんでおり、八月五日には、「眼華頗甚だし。(中略)日暮胸鬱頭痛す。発熱悪寒あり。四肢困倦す。(中略)遂に熟睡するを得ず」(『淡窓日記』巻七、文化十三年八月五日条)とあり、十四日も「眼疾極甚」と記している状況の時であったが、この十五日の放学は、のち咸宜園の恒例となった。毎月半ばの十四-十五日の放学の初回であったと考えられる。前述のように眼疾に苦しみ抜いても、病気を理由に講を休んだのは、この月六日だけであった。

文化十四年七月七日、放学。八日に作詩課程を定めて塾生及び門生一同に示した。一ヵ年に作詩をする順序・種類を定め、門生の作詩教育の体制を布いた。すなわち、一ヵ年に古詩三十、律六十、絶九十を作詩教育の課程とした。これによって、淡窓の詩作教育の体制ができ上った。

放学、塾生の情を伸ばし、情を解放する

この月の十四日と十五日の両日とも放学。放学はすなわち、この頃から、月の半ばの一日か二日、塾生の解放、大いに情を伸ばす機会として、定例になった。

文化十五年(文政元年)七月七日、放学。同月十四日、十五日は放学。八月朔日、放学。同月十五日、放学。十月二十六日、月旦評を改める時、門生の確認をしたところ、七十三人の在籍であった。塾生、外来生、日田の自宅からの通学生、郷里に一時的に帰省している者も含め、淡窓の門人として勉学中の者の合計である。

この頃、淡窓は体調が悪かった。「眼疾大動」(十月二十五日条)、「是の日、四肢困倦すること頗甚し」(十月二十六日条)、「早朝泄利す。昨朝も亦然り。腹中和せず。昨来四肢困倦す」(十月二十七日条)、十二月二十八日の「挙家大洒掃(さいそう)。雪」(十二月二十八日条)。後になって、十二月中旬に塾と淡窓の住居の煤掃いを行ない、この日放学とした。

「之を觴す」

文政二年一月二十九日、門生で最近入門した者を集めて彼等に師家より酒が与えられた。およそ十人であった。日記には「之を觴す」と簡単に記している。

同年二月九日、咸宜園に井戸を掘った。これは現、咸宜園旧趾に現存している。これ

浚井のための放学

以後、年に一回か二回、「浚レ井」として、放学の定例日となった。この月の二十六日、月旦評改定の日の門人の点検によって七十七人であることが判明している。

三月三日になって「是日頭痛再発するを以て復た医薬を服す」（同上書）と記している。淡窓の抜群の指導性として、幾つかが挙げられるが、その一つとして、思いきって「放学」の処置を断行して、塾生相互の親睦を自らはかれるように仕向ける決断の持主であったこと、第二として『日記』に記載しているように、宿病との闘いを連日の如くしながら、なおも講学（官府と塾との双方とも）を出来るだけ廃しないで頑張りつづけたこと、第三点として、「胸鬱頭痛ありて、意識楽からず」という不快の病状を、何とかして少しでも消散しようとの努力を、塾生と共に散策に出て、病状がそれによって小康を得るように努力を重ねたことである。これらすべての努力、自己鞭撻、頑張りが、生々しい漢文体の簡明な記述が『日記』と『筆記』の中に出ている点である。

例えばこの三月九日は、最悪の体調時にも敢て散策して気分転換をはかる、とある（『淡窓日記』巻十二）。

同月十一日は「頭痛更加わる」と冒頭に記しながら、午後益多、謙吉、頼之、小三郎たち塾生と散行して、氣鬱を解消しようとしている（『淡窓日記』巻十二。文政二年三月十一日条）。この日の行程も相当の距離であり、淡窓の歩く努力にわれわれは注目しなければならない。

文政二年七月、月半ばの二日の放学で、淡窓は通常日でも冢に上ることをしていたが、先祖に祈念する自分だけの小行事であった。第一日の放学では「冢に上」った。先祖の様々な遺徳のお蔭を蒙って現在の講業が出来ていることの感謝を、淡窓は一大決意を以て、健康でさえあれば、毎日、冢に上っていた。これも淡窓の厳しい自己修練、克己の誓約の中の一つであったと思われる。

冢に上ることは自己修練の目標

万善への努力

淡窓は「万善簿」を作り、自己修練によって、自己に襲いかかってくる禍いをなくし、また運命をさえ好転させようと、『再新録』を著して、その決意を述べている。この厳しい万善達成への日常の努力は、「万善簿」（『淡窓全集』下巻、「万善簿」四四頁）に、その努力項目が立てられている。後年に至ってははっきりするが、「斎ヲ守ル」ことの重要性が「功」となってくるが、この文政年間では「骨肉に恩を尽す」の功の中に、この「冢ニ上ル」も包含していたと思われる。とにかく毎日克己・修身・用意の連続であることに驚かされる。

門生を「觴」する咸宜園独特の行事は、淡窓時代は、一月の觴の日の後に門生になった者に対して、月末二十九日に特に会して彼等に「觴」している。これまた淡窓の弟子を大切にする愛育の表現であると考えられる。青邨・林外時代になると正月七日が人日で、この日に「觴」するのが恒例となった（井上義巳『日本教育思想史の研究』「咸宜園をめぐる政治情勢」）。

文政三年六月十四日、是日休業。この日府君は塾生に飯を賜った。場所は合原善三郎の家においてであった。参会する者、およそ三十四名であった。

文政三年八月晦日、放学。この日、府君は塾生と淡窓等を招いて、山に遊ぶ行をした。しかしこの日、天陰頻雨で、郊遊の興がわかない日で、折角の招待であったが府君が気の毒であったと淡窓は記している。

十二月二日、夜来より大雪のため休講であった。

文政四年一月五日、塾生およそ三十八人を会し、これを觴することがあった。この年二月五日にも、門生の後来者のねぎらいが実施された。十四名と記録されている。

文政四年六月十一日放学。十五日も放学。

この年の七月三日は、前日久方ぶりに「右胸の下臍の傍につづくところが拘攣（こうれん）して痛む」の病状が発起し、ついに放学。この症状は十日に至って「小愈」した。この間、淡窓は懸命に努力して、講を休まなかった。十四日に再発し、二十日に小愈した。この時も講をつづけている。

八月十五日、放学。この夜、月色明朗で、父、伯父母と共に東塾で月を賞で、二更になって寝についている。

文政四年九月晦日、放学。親類等約三十人随行、山に遊ぶ。この山遊、大いに淡窓を慰めた。

益多大帰、塾生六－七十人が見送る。此日放学

十一月十一日、佐伯から藩資を給されて、遊学してきていた益多が、いよいよ郷里に大帰することになり、在塾、外来生合せて六－七十人が見送った。よって、この日放学。淡窓は、益多淡窓の門に在ること六年、席は七級上になり、その学才のみならず人材も前後にまたとない逸材であり、彼を見送ることの盛んなこと、従来かつてない盛大さであったと記し、益多の大帰を歎いている。

秋風庵月化七十六歳にて死去。「嗚呼哀哉」

文政五年一月晦日、伯父の秋風庵月化が七十六歳で死去した。淡窓は『日記』(『淡窓日記』巻十八)に、自分と月化との関係を縷々と述べ、「嗚呼哀哉」と記述している。

月化夫人七十二歳にて死去。「嗚呼哀哉」

九月二十四日、伯母、すなわち秋風庵月化夫人が七十二歳で死去した。淡窓はまた「嗚呼哀哉」(『淡窓日記』巻十九)と『日記』に認めている。

このように、咸宜園は文政年間、着実に教勢を確かなものにしつつ、発展しつづけて

淡窓主治医諫山安民、加藤俊民、麻生伊織

いった。ただ淡窓の多病は相変わらずで、毎月のように、体調の悪化、病疾の発起に悩まされつづけ、文政十二年八月十日の『日記』には「此日疾進む。散薬を服し、(中略)膏薬を用う。食禁を厳にす」(『欽斎日暦』巻四)などと簡潔に記載しているが、淡窓の主治医は初期の高弟諫山安民で、病疾の発起する毎に、かけつけ、診察治療に当っている。加藤俊民も、玖珠の麻生家に養子に入った麻生伊織も、晩年の淡窓に常侍しながら、その病疾の治療に当っている。

自ら深刻な病苦を荷なっての塾生教導、淡窓師風の形成の基

そして、翌日以降の『日記』は「疾は昨の如し」がしばらくつづき、「病勢頗る減ず」との記載は、かなり後の日となっている。この間、淡窓は病苦に耐えながら、懸命の塾生教育に当っている。この自らの病苦を常に荷なっての教導は、格別の柔和さと、温厚さとを、必然的に伴っていて、咸宜園の師風を形成したものと考えねばならない。

塾生の請による放学

文政十一年四月五日の記事に注目すべき表現がある。「五日、放学す。塾生の請に因る也」(『欽斎日暦』巻二)。すなわち、この日の放学は、塾生の請願によるものであった。この日謙吉が石松観音堂に籠っての祈願を終えて、塾に帰る日で、門生一同が城内に往ってこれを迎えており、淡窓も体調宜しく、父桃秋と、塾生首脳の徳令とともに近くの山頂の樹下で飲酌しながら謙吉の帰りを待ったと記している。

日常親密な塾生と師家の人々

ほほえましい師家と塾生との関係が読みとれる。淡窓はこのような時、必ず本家の父や弟久兵衛等も呼んで寸酌しながら、一時の元気恢復のための努力をしている。塾生のすべてが、広瀬家一統の全体から大きく抱えられていることは、咸宜園の教勢盛大化の原因でもあった。

またこの頃から、放学が月内の何日に行なわれるかが、ほぼ定例化したようである。まず月はじめの七日（人日）から十日頃にかけて、全塾生、外来生を一堂に会して、師家より酒肴をふるまわれる。『日記』は「之を觴す」とあり、師家のふるまいで、咸宜園塾生の月始の大きな楽しみの日であった。この日、講業がある場合と塾生の自学自習のみが後につづく場合と、放学の場合があった。

次に年に数回、咸宜園の井戸浚いが行なわれ、その日は必ず放学であった。全塾生、総掛りの大作業であったようである。

冬至の日放学

十二月半ばの「煤掃い」のため放学

十二月二十七日餅搗き放学

次に冬至の日、これは十一月上-中旬に到来したが、塾生は師家に正式の挨拶をすませ、この日放学。十二月は半ばに一日、塾の大掃除、「掃レ煤」と記した年もあるが、この日放学。十二月二十七日は餅搗きの日で、文政の半ばまで師家が、本家筋に依嘱して搗いてもらっていたが、文政後半から、塾の餅搗きに変わって、全塾生の楽しみの日となり、放学。淡窓の講業は十二月二十四-五日までつづけられていた。月旦評の改定は文化年間から、その月末の二十五日ごろとほぼ決まり、その改定の結果は月のはじめに正式に公表され、席序も月旦から変更になった。淡窓側の用務多忙等で月旦評改定が予定通り行なえない時は、その予定日一日、放学となった。

また毎月十四日か十五日、ある時は両日、ある時は一日放学となった。塾生の中の、尊敬すべき高弟が、郷里に大帰する場合、塾生一同で見送りに行き、この日放学となった。

八月十五日
祇園祭り放学

八月十五日は祇園祭りの日で山車(だし)が出たりするので、郷俗に従って放学。三月半ばの頃の桜花開花期の一日、全塾生、「山ニ遊ブ」ため放学であった。この山行のため放学の日は、塾生は花見の宴を山野で開くことができた。「行厨ヲ開ク」として、塾生の楽しみの一つであった。この時、師淡窓は、体調宜しければ、塾生と行を共にし、疾発起の時は、家で休んでいた。この場合、塾生一同は、酒肴を必ず調えて、師家に贈って出かけた。淡窓はその塾生の贈物を、ある時は独りで、多くの場合は家父、弟久兵衛他知友を招いて飲食して、大いに春の一日を楽しんだ。

三月半ばの
塾生花見の
ため放学

塾生からの
酒肴の贈呈

天保三年六月朔日、この日は放学であった。これは塾生一同の淡窓への建言に依ったと日記は記している。すなわち、神に参詣して、夏中の疾病の疫禍を払うということであり、淡窓はこれを聴き容れて、放学としている。

淡窓は『日記』の記載の仕方の中に、その放学が、淡窓自身の側から発動されたのか、塾生の請求にもとづいたものか、請求とまでいかなくても、塾生の気分の具合を考慮して、放学にしたかが大体判別できる。例えば「天保四年三月六日、塾生遊山。放学」は、塾生が花見に山遊びしたい気が優先しての放学の措置と考えられるのである。

また「天保十年三月四日、塾生山に遊ぶ。放学す。塾生酒肴を贈る。家人と小酌す。久兵衛および伸平夫妻を招き、晩更に伸平の家を訪れる」(『醒斎日暦』巻十七)。

塾生の山行とは別に淡窓は親戚知友と小酌しながら、しばしの春の嵐を楽しんでいる。「弘化四年三月十五日、諸生山に遊ぶ。放学す。塾生の茂七家に酒肴を饋る。棣園夫妻、吾八妻、範治を招き同じく飲す」(『進修録』巻十三)もまた、例によって、花見山行の放学の際、塾生は必ず師家に酒肴を贈っており、淡窓も知友と小飲して楽しんでいる。

居家して知友と小酌を楽しむ

淡窓は自己の宿疾の為、観桜も仲々うまく出来ず、塾生が山に遊ぶ時、独り居家して小酌を知友と楽しむことが多かったのであるが、嘉永七年三月十六日は、体調悪るからず久方ぶりに戸外へ出て、桜花を賞でることが出来た。『日記』の『甲寅新暦』巻一の同年同月同日条は、淡窓の伸々とした心情によって記されている。

嘉永八年一月七日は人日で、咸宜園で、門生一同に酒肴を与える祝日とほぼ決まり、放学が恒例となった。門生六十四人が会し、彼等に範治・孝之助が献主となって酒肴を与えた。

この一月十五日、弟伸平（棣園）が死去した。淡窓の十七歳下の弟であった。淡窓は「嗚呼哀哉」を二回使って惜別の記事を記した（『甲寅新暦』巻三、嘉永八年一月十五日条）。このため諸塾は放学となった。塾中の服喪は十九日に解かれた。

久兵衛に招かれ彼岸桜観賞小宴

この年二月朔日、初午の日は淡窓は弟久兵衛南陔の招きに応じて桜花の観賞に出向いた。庭にある彼岸桜が開花していた。範治・孝之助が従行し饗宴を開いた。南陔と源兵衛が伴客となった。

遠思楼で月を待つ

この年九月十三日、夜、遠思楼で範治・孝之助等数名と会して飲食をし、月を待った。この夜、月は淡く春夜の如き観を呈した。

諸生遊山、放学。淡窓楼上にて飲食

九月十五日は、諸生が山々に遊んだので放学。塾生は例によって酒肴を贈ったので、楼上に範治夫妻、棣園妻、吾八郎夫妻等と飲食し、夕刻散会した。

この頃、夜、淡窓は階上より階段を墜ちて、腰を打ち、この日から腰痛にも悩むことになった。

第九　咸宜園入門者の入門の趨勢

一　咸宜園の開かれた性格

咸宜園の開かれた性格

咸宜園についての今までの研究（井上義巳『日本教育思想史の研究』勁草書房、昭和五十八年）で、咸宜園の教育にはその根本において、いわゆる「開かれた性格」が存在したことを指摘してきた。それは一つは、咸宜園創立者淡窓の学風と教育者としての特性、そして実際行なわれた教育の諸特徴から、第二には咸宜園の存在する日田という土地の近世期における政治的・経済的な地位、そして、咸宜園の存続発展のために背後にあって様々な配慮をして、また努力をつづけた広瀬家の商家としての特性等の検討を通してであった。

開かれた性格の制約

ここでいう、「開かれた性格」には大きな制約が附随することは当然であるが、われわれは、㈠その教育が直接的に封建体制の強化を目ざすものでない、㈡その教育が、封建的身分関係を問題にせず、むしろ個性や能力に注目してその発展を志向する、㈢学統学派に緊縛することがない、㈣時勢を学びそれに対応する力を身につけさせる性格があること、㈤個人の内的開発を如何に達成させるかについての独特な工夫が、その教育指導の中に存在する、㈥自己の未来を拓いていく意欲を培う性格が存在する、などが明確に指摘されるとき、その教育に開かれた性格があると考える。

そして、さらに、そこで学ぶ学生の出身地、その地域的広がり、出身階層または学生数の多寡盛衰等の考察がある。そしてさらに重要なことは、この教育機関で業を終了したものが、卒業または終了後、社会にどのように進出し、活躍しているかについての検討であることは勿論のことである。

「入門簿」

ここでは、上述のような淡窓時代の咸宜園入門者の実態を咸宜園全時代を通した「入門簿」の分析と検討によって把握して、咸宜園の理解、淡窓を始祖とする咸宜園の教育の本質の理解の基礎をつくることを目指す。

「入門簿」すべてが遺されている

淡窓は前述のように講業開始後、しばらくしてから、入門者に入門の時必ず師の前で、自筆で、美濃紙の中折りの一頁に、入門年月日・出身地・自分の名前・年齢・紹介者を記入させた。これが例外なく実行されて、淡窓講業創始時代から淡窓の全時代、青邨・林外の時代を経て、咸宜園が名実ともに消滅した明治三十年前後までの、百年近くの分が遺されて、現日田市豆田町の広瀬本家の倉庫に蔵されている。咸宜園関係記録の中の最重要資料である。

私は次の方法で、作業をした。

一、「入門簿」の分析検討の作業は、『増補淡窓全集』（『淡窓全集』の発刊は昭和二年、昭和四十六年に増補されて復刻発行された）、その増補本下巻に収録されている入門簿に拠った。ただ、全集編集の際の誤記等、記述に疑問のあるものは、広瀬家の書庫に立入りが許された機会に、入門簿の原本と照合し、正確を期した。例えば『全集』収録の「入門簿続編巻三十二」で、

安政二年九月十二日　筑前佐嘉山本主一山本助之丞弟廿歳　馬郡譲

安政二年九月二十五日　筑前長崎北馬町渋谷英三渋谷豊助悴十四歳　上野彦馬

とあるが、この二つの国名はいずれも肥前であることは明らかである。

二、「入門簿」のうち明治四年末までのものを検討し、それ以後には触れなかった。これは咸宜園がその存在意義を明らかにして機能を発揮したのは、第三代林外が、日田を離れて東京遊学の途についた明治四年十一月までであるとの認識によるものである（林外孝之助は明治四年末上京し、明治七年五月東京で病死した。東京遊学の目的は洋学の勉強のためであったが、上

京するや咸宜園出身の長三洲の斡旋で、正院の修史局に奉職した。病死まで日田に戻らなかった)。

堺の「咸宜園」

三、『全集』では淡窓の末弟旭荘謙吉が上坂して、堺や摂津池田で開塾し、「咸宜園」と称する塾を開き、ここでも「入門簿」が、作成されており、『全集』の「入門簿」の中に「旭荘出遊時代」として、日田の咸宜園の活動の中に入れて収めているが、これは除外した。これは咸宜園は日田に淡窓が開塾した咸宜園そのものでなくてはならないので、旭荘の大坂の塾は淡窓の咸宜園とは直接関係のないものと考えたためである。

「旭荘出遊時代」除外

淡窓の一時塾主隠退の期間

四、『全集』ではまた旭荘が一時(天保二~七年)淡窓より塾政を譲られたときを、旭荘塾主時代として独立させているが、淡窓は対代官府との関係悪化を何とかして改善するため、一時的に塾主を旭荘にしたままで、塾の教育指導については、断絶することなく、淡窓が主導権を掌握していた。すなわち淡窓の講業は断絶することなくつづいていた。そのため、この時期も淡窓五十年講業の中に吸収させた方が適切と考え、淡窓時代の一時期としてしか考慮しなかった。この点、『全集』の編集方針には従わなかった。

淡窓の教育指導、一貫連続す

淡窓・青邨・林外時代

文久元年と文久二年

五、淡窓・青邨・林外の時代の時代わけは、『全集』に従った。私の今までの研究で、二代青邨から、三代林外への塾主継承は、文久元年(一八六一)五月であると確信しているが、『全集』は通説の文久二年六月を以て継承の説に従っている。実質的な継承が文久元年、儀礼上の、または形式上のそれが文久二年としても差支えなく思われるので、そのままにした。

六、「入門簿」の亡失で入門者が不明確な天保六、七、十三、十四年については、『全集』は『淡窓日記』の記述の中からそれぞれ数名を選び出して「入門簿」を補っているが、私はこれらにつき『淡窓日記』の外、『懐旧楼筆記』の該当箇所を照合して、『全集』の補充を妥当と認めて、これも採った。

七、以上の作業で次の入門者数を把握した。

淡窓時代（享和元～安政三）　二九一五名
青邨時代（安政四～文久二）　三九〇名
林外時代（文久二～明治四）　八〇七名
計　四一一二名

二　咸宜園入門者の出身地

入門者の出身地は次のような分布になることが分かった。

地方	国別	淡窓時代（五〇年）	青邨時代（七年）	林外時代（二〇年）	合計
九州	豊後	七九〇人	八一人	二五六人	一、一二七人
	筑後	四七八	四五	四七	五七〇
	豊前	三三五	四七	一七一	五五三
	肥前	二九一	四四	九一	四二六
	筑前	二〇四	二三	三九	二六六
	肥後	一二七	二二	四七	一九六
	日向	五一	四	六	六一
	対馬	五		四	九
	薩摩	三	二	二	七
	壱岐	二	一		三
中国	長門	一一四	二三	一七	一五三
	安芸	七六	九	一〇	九五
	周防	六七	五	二	七四
	石見	二一		四	二五
	出雲	一四	七	四	二五
	備後	一六	二	四	二二

地域	国				
中国	備中	一二	二	一	一五
	因幡	二	三	一	六
	備前	三	二		五
	美作	一		一	二
四国	伊予	三五	八	四	四七
	阿波	一〇	四	一〇	二四
	讃岐	七	八	三	一八
	土佐	一一	一		一二
近畿	摂津	三七	一	一一	四九
	播磨	二三	三	一〇	三六
	山城	二一	四	八	三三
	近江	一一		一四	二五
	紀伊	八	一	一	一〇
	和泉	八		一	九
	伊勢	七	一	一	九
	丹後	八			八
	大和		二	四	六
	河内	三		一	四
	丹波	二			二

		中部																
淡路	但馬	美濃	三河	尾張	加賀	越中	越前	信濃	越後	伊豆	能登	遠江	飛驒	駿河	若狭	佐渡	甲斐	武蔵
二	一	二一	八	八	四	三	三	六	三	三	三	二	一	二	二	一		一五
		四	九	五	二		一		二	一	一	一	二			一	一	
		九	六	一	三	六	二		一									四
二	一	三四	二三	一四	九	九	六	六	六	四	四	三	三	二	二	二	一	一九

地方	国名				
関東	相模	二	二		四
	上野	一	二		三
	下総	一			一
東北	陸前	四	一		五
	羽後	二	一		三
	陸奥	三			三
	磐城	一			一
	羽前	一			一
出身地不明		九			九
合計		二、九一五	三九〇	八〇七	四、一一二

右の表から次の諸点が明らかとなった。

一、咸宜園の入門者の出身地はほぼ全国的に分布していること、北は津軽、秋田、仙台から、西は壱岐、薩摩までの六十二ヵ国にまたがっていることは驚くべきことであった。なお入門者が見られなかったのは次の諸国である。

(九州) 大隅

(中国) 伯耆、隠岐

（近畿）伊賀、志摩
（関東）上総、常陸、下野、安房
（東北）陸中、岩代及び北海道（松前）

二、豊後が全体の四分の一を占めているが、これを地元の日田郡（日田及びその周辺地域）とそれ以外の豊後に分けると次表の如くなる。

	淡窓時代	青邨時代	林外時代	計
日田郡	三五八人	二九	一五一	五三八
日田郡以外の豊後	四三二	五二	一〇五	五八九
合計	七九〇	八一	二五六	一、一二七

すなわち、日田郡とその他の豊後はそれぞれ数を分かちあい、その数、筑後・豊前とほぼ同じく、肥前がこれにつづいている。

農業先進地域

三、上記の九州諸国についで多い長門、安芸、周防、摂津、伊予、播磨、山城、美濃等の諸国は、いわゆる先進地域で、農業生産のみならず手工業による商品生産も進み、

学費負担能力

さらに全国的な物資の流通の通路ないしその交易の中心地であった。すなわち、相当高額の学費を負担しても子弟を遊学させる経済力があり、また寺子屋より上位の教育を必要とする社会的成熟度が進んでいた地方であったといえる。そしてこの大勢は、淡窓・青邨・林外のそれぞれの時代とも共通している。ただ林外時代に豊前出身者が特に多いのは、慶応二年夏の小倉落城にもとづく特別の情勢が咸宜園をとりまいたが、その結果がこの形であらわれたものである。

慶応二年小倉藩の敗退

四、『淡窓全集』の門人出身地別人員調べでは、総員四六一七人とし、出身地を六十四ヵ国としているが、これは上述のような『全集』の「入門簿」の取り扱いによるものである。また『全集』では東北地方をすべて陸奥・出羽の二国に含めているが、ここでは「入門簿」に記載されている通りにした。

陸奥国・出羽国

三　咸宜園入門者の年次別趨勢

次の表の作成には次の諸点が考慮された。

(1)淡窓の儒業開始は文化二年（一八〇五）、日田豆田町の長福寺学寮を借りてそこで自分の生

年	入門者数
享和元年（一八〇一）	一人
二	三
三	一
文化元（一八〇四）	一
二	八
三	一七
四	五
五	二六
六	三二
七	三三
八	二八
九	三二
一〇	三二
一一	二七
一二	二八
一三	三〇
一四	三一
文政元（一八一八）	三七
文政二	五七人
三	六一
四	四九
五	五六
六	五〇
七	七三
八	八二
九	四五
一〇	五九
一一	五五
一二	九〇
天保元（一八三〇）	五六
二	七五
三	七六
四	六二
五	六一
六	五一
七	二九
八	二六
九	六〇
天保一〇	四八人
一一	三九
一二	四六
一三	五五
一四	九一
弘化元（一八四四）	一一三
二	六四
三	八七
四	八一
嘉永元（一八四八）	九四
二	八三
三	七七
四	八〇
五	一〇七
六	六三
安政元（一八五四）	六六
二	八七
三	九九
安政四	七四人
五	七六
六	六四
万延元（一八六〇）	七七
文久元（一八六一）	五七
二	七三
三	七八
元治元（一八六四）	七一
慶応元（一八六五）	七五
二	三八
三	一三九
明治元（一八六八）	三六
二	一〇六
三	一三八
四	八五
（合計）	四、一一二

涯の仕事として講業に着手した時とする（咸宜園の前身の桂林園はこの二年後に建てられ、咸宜園への移転はさらにその十年後の文化十四年であったことは既述の通りである）。

しかし「入門簿」は長福寺学寮講業開始四年前の享和元年に館林伊織が門人第一号となったことを記録しており、それ以来、毎年一～三名が淡窓に師事したことも示している。これは淡窓が後年記憶にもとづいて追記したものとされている。ここでは、このまま享和元年から淡窓への入門が開始されたこととして取扱った。なお淡窓が「入門簿」の制を確立したのは文化四年桂林園の時であった。それ故、それ以前の記録は不十分なものであることは否めない。

(2)「入門簿」中に入門年月日が記されていないものが全体の中で二人いるが（いずれも淡窓時代）、入門の月日は推定できぬとしても、年は、その前後の者の記述から判定できるので、そのようにして位置づけ処理した（『淡窓全集』もその方法によっている）。

さて前記の表から次のことが明らかとなった。

一、入門者は講業開始時より次第に増加してゆき、淡窓の講業は極めて順調に発展していった。そしてこの発展は、青邨・林外の時代へ引継がれ、維新以後も入門者は増加していったのである。このことは次表を作成してさらに明確になった。

時期	期間	年数	入門者年平均数
淡窓時代第一期	享和元～文化一四	一七年	一九・一人
同　第二期	文政元～同　一二	一二	五九・五
同　第三期	天保元～同　一四	一四	五五・四
同　第四期	弘化元～安政　三	一三	八五・一
淡窓時代全期間	享和元～安政　三	五六	五二・〇
青邨時代	安政四～文久　元	五	六九・六
林外時代	文久二～明治　四	一〇	八三・九
咸宜園全期間	享和元～明治　四	七一	五七・九

淡窓にとっての意義ある四時期

右の略表の淡窓時代の四時期は淡窓の生涯にそれぞれ意義をもつ時期であるが、晩年の第四期は淡窓の声望全国に広がり、咸宜園の最隆盛期であった。入門者数が年平均八十五人となっていることはこのことを証するものである。青邨・林外の時期、すなわち幕末・維新の激動期にも塾勢の衰えなかったことに注目しなければならない。

四　咸宜園入門者の身分

1　全体像

武士と僧侶その他は、医者・商家・農家・神官・修験

入門簿で入門者の身分をほぼ正確に知ることができるのは、武士と僧侶であって、その他は医者・商家・農家・神官及び修験道など、それぞれ一部について記述されているだけで全体像の把握は推測の外はない。

武士については「入門簿」の出身地のところに次の様な記載があるのでこれを把握できる。

○日田代官府所属の者については、

陣屋、当陣屋、日田陣屋、官府、日田官府、永山府吏員、竹尾清右衛門内等。

○その他の武士については、出身の藩の「家中」または「藩中」、「藩臣」或は藩名のみを記しており、少数ながら、藩主名、父親名とそのつながりなどを記述している。

僧侶多し

僧侶は出身の寺院名を記入しているものが大部分であるが、一部は出身地と自分の名

前しか書いていない。しかし、僧侶の場合、その名前で正確に僧侶であることが判定できる。

それで入門者の身分を、武士・僧侶・その他の三部門に分類し、次にその他の中でどのような推定が可能かについて検討することにする。

右の三分類を表示すると次の如くである。

各時代	総数	武士	僧侶	その他
淡窓時代	二、九一五人（一〇〇%）	一六五人（五・五）	九八三人（三三・七）	一、七六七人（六〇・八）
青邨時代	三九〇（一〇〇%）	一三（三・三）	一七五（四四・九）	二〇二（四八・七）
林外時代	八〇七（一〇〇%）	八五（一〇・五）	二三五（二九・一）	四八七（六〇・四）
合計	四、一一二（一〇〇%）	二六三（六・四）	一、三九三（三三・八）	二、四五六（五九・八）

右の分類によって、次のことが明らかとなった。

(一)武士出身の者は咸宜園では極めて少数であった。このことは咸宜園の教育を決定的に性格づけた要素である。

武士が全期間の平均で六%余でしかないことは、ここの教育が、武士の教養を目標とせず、換言すれば封建的支配勢力の強化を正面に掲げることのない教育であったことを物語るものである。いわゆる開かれた性格が咸宜園の学風の中にあったことをわれわれは主張してきたが、この数字の意味するところにより右の主張の妥当性が明らかになったわけである。

(二)武士の出身の比率が、淡窓・青邨・林外のそれぞれの時代に差が生じているが、淡窓・青邨の両時代の差にはあまり意味がないといえる。何となれば、青邨の時代は、七年で、五十年に及ぶ淡窓の時代の延長として考えねばならないからである。故に青邨時代を別建にしないで、淡窓時代に吸収すれば、その数値は、咸宜園の正常な期間の平均値として、意味があると考えられる。

淡窓・青邨時代を合算した場合の武士の比率は五・二%となる。

すなわち、咸宜園では武士は入門者の中、僅か五%でしかなかったのである。

林外時代は前述のように幕末激動期に際会して、様々な政治的な波浪をまともに受けて、多少の変化を生じたことは、当然のことであった。入門簿を検索する時、慶応三年の春(三-四月)、はまことに異常な入門者の姿がうかがえる。そして、その年の後半から翌四年にかけては武士の入門が目立ってくる。それも二十歳代の後半から三十歳にかけてのものが多くなっている。歴史の転換期に、咸宜園は、伝統的教育機能とは別のものを社会から要請されつつあったのかも知れない。林外時代、武士出身者の比率が一〇%を越したのはこのような特殊な情勢から来たものであった。

㈢僧侶出身者が全期間を通して三〇%を越えていることに注目しなければならない。僧侶の入門については後段で更めて検討するが、これは「その他」に含まれている他の社会層出身者の比率（推定）と対比してなさねば意味の把握は十分でなくなると思われる。

2 武士

㈠武士出身者の所属が次の表で明らかである。

すなわち、日田代官府に所属するものが全体の四分の一を占めていることに注目しなければならない。前にも述べたが、代官府と咸宜園との関係は歴代極めて密接で、天保のはじめ以降は咸宜園を代官府（郡代府）の支配の中に位置づけて、いわば代官府附属の学校たらしめようとする動きもあり、塾生との間に重大かつ微妙な関係が発生したのである。

各時代	日田代官府	諸藩	計
淡窓時代	四一人	一二四人	一六五人
青邨時代	三	一〇	一三
林外時代	二〇	六五	八五
計	六四	一九九	二六三

代官府の子弟も必ず入塾

この数字の示すところは、少人数の代官府吏僚及びその子弟が可能な限り咸宜園で学んだということである。しかも、淡窓は、代官府と咸宜園とが近距離であっても、入門者は必ず入塾させたのであって、——年配の吏僚で淡窓の門に入って、職務の傍ら勉学することができるように特別に外来生として学習することができたようであるが——教育の規律は他と区別をしなかったのである。この咸宜園のきびしい規律の伝統は、青邨・林外にも継承され、咸宜園の全員入塾制は貫かれていったのである。

代官府の子弟は十歳未満で入門することが多く、同年齢入門者の中の半数近くの比率を占めていたのであるが、これは諸藩よりの入門者の場合と大きく異なる。諸藩よりの者は前の平均年齢とほぼ同じか、あるいは少し上廻る位の年齢であったようである。

(二)諸藩よりの入門者の出身地は次頁の通りである。

表の合計、一九九九人の内訳

九州諸藩　一六七人

九州以外の諸藩　三二人

家中の武士の教育は藩校、咸宜園の遊学は例外

武士の出身地は北部九州の諸藩を除けば、ほぼ全国的に散らばっている。そして特定の藩に片寄ってもいない。これは武家社会における咸宜園の意義が積極的なものでなかったからに外ならない。家中の武士の教育は教育目的の明確な藩校においてなされており、咸宜園への遊学はむしろ極めて例外的なことであったのである。しかしその例外的なことが、右の表のように全国的に広がっていることは興味ぶかい。

(三)九州諸藩の場合。

府内藩

府内藩が特に多かったのは、一つは淡窓がその晩年、前述のように、再度にわたって府内藩に招聘されて藩主及び家中に対しても講義をしており、「入門簿」にも天保十五年(弘化元)に淡窓自身の紹介で二十七人もの入門者を記録しているのである。第二には府内藩と広瀬本家との関係が長年にわたり極めて緊密なものであったことが、府内藩よりの

藩名	人数
府内	四〇
小倉（豊津藩も含む）	二一
佐伯	一二
秋月	一〇
久留米	一〇
福岡	八
中津	七
延岡	七
森	六
臼杵	六
佐賀	四
鹿島	四
島原	四
対馬	三
熊本	三
岡	三
武雄	三
高鍋	三
日出	二

藩名	人数
多久	二
唐津	一
諫早	一
宇土	一
柳河	一
三池	一
千束	一
薩州樋脇	一
玉名	一
深堀	一
徳島	四
豊浦	二
姫路	二
豊橋	二
金沢	二
徳山	一
岩国	一
広島	一
赤穂	一

藩名	人数
播州高城	一
同竜野	一
津山	一
高松	一
丸亀	一
伊予吉田	一
同西条	一
同大昭	一
土佐須崎	一
備後作原	一
備中成羽	一
江州宮川	一
濃州大洲	一
富山	一
安中	一
江戸城西丸下松平家	一
合計	一九九

広瀬本家と府内藩との関係

藩士の入門を多くさせたことも考えられる。すなわち、本家の家業を兄淡窓に代って継承した久兵衛は、天保十一年府内藩より招聘をうけて財政改革に当った。さらに十年余を費してこれを成就した後も、府内近郊の開墾地に居を定めて余生を送ったが、この間、公式非公式に府内藩の財用について大きな影響を及ぼしていたと思われる。維新後日田に戻るまで府内と日田の間を頻繁に往復しているが、このように府内と日田は政治的または経済的に常に道が通じており、人物と物資を往来していたのである。かくて府内藩士たちが自由に遊学することは、容易な業であったと考えられる。

小倉藩

小倉藩家中の入門者が次に多いのは、地理的に近接していたこと（徒歩二日の行程）のみならず、小倉は幕府勢力の九州における拠点であり、そのため西国郡代との関係は幕末期は特に深かった。

『咸宜園日記』

『咸宜園日記』（林外時代の咸宜園の公式記録、五冊より成る。文久元年五月十五日に始まり、慶応四年八月三十日に終る。広瀬家所蔵）によると塾生の幹部が師家から路用をもらって頻繁に小倉・馬関方面へ出かけ急ぎ戻っている。何のための旅行か明らかではないが、とにかく往来は頻繁であった。

豊前香春町と豊前豊津藩

慶応二年七月、長州勢の攻撃をうけて小倉藩は戦闘らしい戦闘をせずに城を自焼して南に敗走し、一時豊前香春町に藩庁を置いたが、慶応四年には豊前豊津を正式の藩庁所在地とし、名称も豊津藩と称した。

小倉藩よりの入門者二十一名の内訳をみると興味ぶかい。すなわち、

淡窓時代　　　四人

林外時代　　　十七人

この内豊津藩家中と称えるもの　七人

(右はいずれも明治三年中に入門)

敗戦の豊津藩が何とかして藩政を建て直し、汚名を挽回する決意を持った、そのあらわれが、この明治三年の藩士七名の入門となったと考えてよさそうである。

佐伯藩と咸宜園

佐伯藩との関係は、淡窓時代から緊密で、淡窓の師松下筑陰が、佐伯藩儒となっていたこともまた佐伯藩と日田との関係を密にし、淡窓の生涯の数少ない日田を出る遊行もまずは佐伯に向けられたことは、既述の通りである。淡窓が数多の門弟中、その才第一等と激賞した中島子玉(益多)も佐伯の出身で、藩からの遊学の資を得て、咸宜園に入門したのであった。佐伯藩もまた咸宜園への道が近かったのである。

秋月藩

藩儒原古処

筑前秋月藩は福岡の支藩で小藩であったが、咸宜園への入門者は他の諸藩に比べて多かった。これは藩儒原震平(古処)が、福岡亀井塾出身で淡窓の先輩に当り、淡窓と永い

親交があり、淡窓は福岡方面へ旅行する時、必ず甘木を経て秋月を訪ね、古処と交りを持っていた。『懐旧楼筆記』によると、原古処は娘采蘋を同伴してたびたび日田を訪れている。その時は必ず淡窓は時間を空けて、あるいは詩会を催したり、あるいは、附近の探勝行に同行したりしている。このような関係に加えるに地理的隣接性が加わり、咸宜園への入門が他藩よりも多くなったと考えられる。

徳島、柴秋村

徳島藩出身の柴秋村は第二代青邨時代に門弟中最高位に達した人物で、青邨の塾政に協力しているが、その後輩たちの入門があって、右の表のように九州以外の諸藩の中の最高位を占めることになったと考えられる。

武士の出身地については、このように日田と特別に関係の深い諸藩を除いて、全国的に少数ずつながら散らばっているところに特徴がみとめられる。

3 僧侶

次に僧侶について、その出身地を分類すると次の様になる。

左の表によると僧侶出身のものは、豊後が他を圧して多く、九州諸国の合計は全体の七%に達する。これは、まずは地理的な理由によるものであろう。

出身地	人数
豊後	三二三
筑後	二〇九
豊前	一八七
肥前	一一八
肥後	七二
筑前	五四
日向	一六
薩摩	四
壱岐	二
長門	四七
周防	三二
安芸	三二
摂津	三一
美濃	三一
伊予	二四
山城	二一
近江	一七
三河	一六
出雲	一一
尾張	一一
石見	一〇
阿波	九
備後	八
播磨	七
武蔵	七
讃岐	六
伊勢	六
丹後	五
紀伊	五
河内	五
和泉	五
越前	五
越中	五
備中	四
大和	四
越後	四
相模	四
伊豆	三
信濃	三
加賀	三
飛騨	三
若狭	二
淡路	二
遠江	二
陸前	二
陸奥	二
備前	二
因幡	一
丹波	一
但馬	一
甲斐	一
能登	一
上野	一
下総	一
羽前	一
羽後	一
不明	四
合計	一、三九三

先進地からの入門者多し

出身地の分布は全国的に広がる

われわれが注目すべきことの第一は、九州以外では長門、周防、安芸、摂津、美濃など、いわゆる先進地域からの入門者が、僧侶の場合でも多数であることであり、第二は、あとは数は多くないが、全国五十七ヵ国にわたって広範囲に分布していることである。先にも検討したが、これらの先進地域はいわゆる寺子屋での初等程度の教養以上の知識を必要とする社会の発達度があり、また遠方への遊学を可能にする経済力が存在していた。そして僧侶の場合、これら先進地域では寺院を支える経済力が豊かであったこと、さらに寺院への奉納が貨幣でなされる、すなわち貨幣が寺院経済の中心となることも、他の地方に比して格段に進んでいた。これは寺院がその子弟や門弟を遊学させるに極めて有利な条件であった。

浄土真宗

この点咸宜園入門者を最も多く送ったのは浄土真宗であった。「入門簿」には出身の寺院名が記載されているものと、そうでないものが約半数ずつで、また寺院の宗派も必ずしも明瞭でなく（「入門簿」では寺院名に宗派を記したのはごく少数である）、そのため僧侶の宗派別の比率はどうしても出すことができなかった。しかし、僧侶の名前及び寺院の名称等から全体の半数はその宗派を推定することができる。

それによると、僧侶入門者のほぼ三分の二が浄土真宗と推定される。あとの二分の一

門徒集団
先進地域

の相当部分を浄土宗が占め、禅宗がそれにつづいたようである。浄土真宗が強固な門徒集団を組織して教勢を伸ばしていたところが上記先進地域であった。そこから入門者が多かったのは当然であったというべきであろう。

4　女性の入門者

智白と智参

淡窓時代に咸宜園に二人の女性が入門しているが、ともに禅寺の尼僧であった。「入門簿」によると、

天保二年辛卯四月十三日
濃州大野郡伴尾慈渓寺　智　白　二十九歳
同　　　　　　　　　　智　参　二十歳

光円寺

この二人は遠く美濃より来ており、日田の光円寺が紹介者となって入門を許されている。『懐旧楼筆記』巻三十には二人が女性であるため入塾させられないので、外宅を借りてそこから通わせて学ばせたとある。咸宜園の歴史の中でこの二人が唯一の女性入門の例であった。

5　その他の身分

次に武士と僧侶以外のものの身分は「入門簿」の記述が殆どそれに触れていないので、全体的把握が困難である。

しかし、名前及び出身地からして、次のことがうかがわれる。

(1)医家の子弟が非常に多い。

(2)それに次ぐものは次の二つである。

(イ)都市の富有な商家の子弟。

(ロ)農村の庄屋、大庄屋の子弟。

(ハ)神官、修験道等の身分のものも少数であるが確認できる。但し神官の総数については推定が困難である。これは神官は俗名のままであるからである。

6　その他の特色

次に「入門簿」にあらわれているその他の部の幾つかの特色を指摘する。

(一)咸宜園には淡窓創立当初から、豊前英彦山の関係者が入門しており、それは林外の

豊前英彦山

修験道の道場

時代まで継続している。英彦山は豊前と豊後の国境にあり、古来、勅願所としての権勢をもち、とくに修験道の西国一の道場として威勢をふるっていた。

淡窓の開塾後間もない文化八年には、英彦山玉屋谷・寛蔵坊清延が「入門簿」に名を記しており、さらに文化十年の五月から八月にかけては、

豊前英彦山常楽坊　役　霊如
豊前英彦山顕揚坊　役　三位
勅願所英彦山賢勝坊　役　泰中
英彦山集寂坊　役　清冽
英彦山正応坊　役　大椿

の五名が続々と入門している。林外時代までには合計二十一名の英彦山関係者が入門しているが、「役」の名を冠したものがこの中に十名いる。あとは所属の坊名と俗名を記したもの、英彦山内として俗名のみを記したもの、一人は「英彦山座主内長谷主馬」などと記すなど様々であるが、山内の多くの役割を担うものが山を下って入門しているのである。

『林外日記』

『林外日記』（十九巻二十四冊、林外の生涯の記録。第一巻は嘉永二年正月に始まり、第十九巻は明治四年

十一月を以て終る。林外の私事のみでなく、とくに慶応より明治にかけての歴史の動きが克明に記されており、歴史資料としても重要。広瀬本家所蔵）によると、幕末期に英彦山座主が日田に到って広瀬家を訪問したこともあり、英彦山は一山をあげて咸宜園と深い関係をもったことが明らかである。

日田大原神社

㈡日田の最も古い神社である大原神社の神職たちが、淡窓時代の初期から咸宜園に入門しており、全期間のここの神職の入門者は全部で十一名を数えることができる。

宇佐神宮

高良山、太宰府

㈢「入門簿」では豊前宇佐の宇佐神宮の神職の入門もうかがうことができる。しかし今把握できているのは五名である。また筑後の高良山、筑前の太宰府からも入門者があり、それぞれ名を留めている。

このようにして神職やその子弟がどの時期にも咸宜園を目指していたことは注目しなければならないと思う。

右のような著名な神社でないところの神職の把握は前述のように極めて困難である。しかし実際には相当数が入門していたと考えられるので、この点の研究は今後さらに進められるべきであろう。

紀州高野山からの入門

最後に淡窓の死去の前年に当る安政二年、紀州高野山から、次の三人の僧が入門してきた。

紀川高野山南院資　　釈研仁耕玉　二十歳

紀州高野山金剛三昧院　　釈　智本　二十歳

紀川高野山智荘厳院　　釈戒尊俊応　二十歳

これらの青年僧がはるばる西下してきて、あえて淡窓の門に入り勉学を志したことは、淡窓生涯最後を飾る出来事であった。

第十　淡窓の儒学思想

――「敬天」を中心に――

一　淡窓と古学・朱子学

多数の遺著

淡窓の遺著は多方面にわたり、三十種、百数十冊にもなる。それらは、日田郡教育会編『増補淡窓全集』上・中・下三巻のうちに収められている。自叙伝・日記類には『懐旧楼筆記』五十六巻、『淡窓日記』十九巻、『遠思楼日記』六巻、『欽斎日暦』六巻、『醒斎日暦』二十巻、『進修録』十四巻、『再修録』十三巻、『甲寅新暦』五巻があり、註疏として『読論語』一巻、『読孟子』一巻、『読左伝』一巻、『老子摘解』二巻があり、語録類には『夜雨寮筆記』四巻、『醒斎語録』二巻、『自新録』二巻、『再新録』二巻、『六橋記聞』十巻（そのうち最初の三巻を「灯下記聞」という）があり、反省録として『万善簿』十巻、誓願としての『発願文』一巻がある。詩文詩話類として『遠思楼詩鈔』二巻、『遠思楼詩鈔』

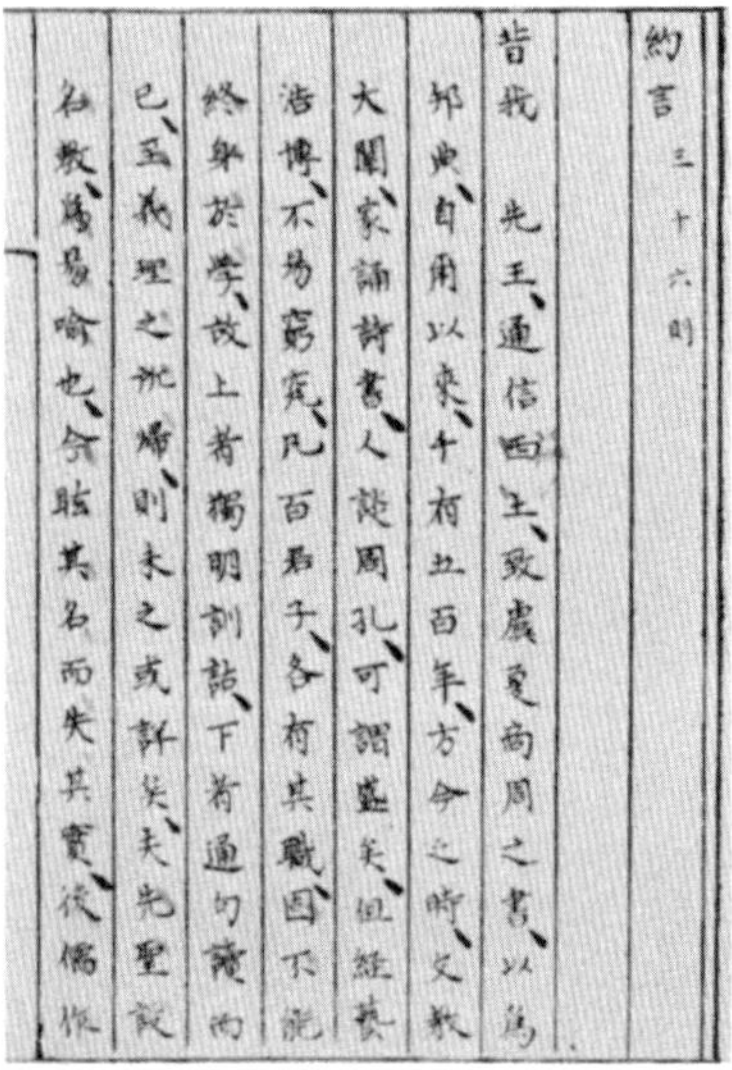
約言 三十六則
皆哉 先王、通信四王、致虞夏商周之書、以為
邦典、自周以来、千有五百年、古今之時、文教
大闡、家誦詩書、人説周孔、可謂盛矣、但経藝
浩博、不易窮究、凡百君子、各有其職、固不能
終身於学、故上者獨明訓詁、下者通句讀而
已、至義理之説、則未之或評矣、夫先聖設
名教、為易喩也、今眩其名而失其實、後儒作

『約言』三十六則稿本（広瀬本家蔵）

第二編二巻、『文稿拾遺』一巻、『淡窓詩話』二巻があり、述義類として『約言』一巻、『約言補』一巻、『約言或問』一巻、『約言或問（国文）』一巻、『析玄』一巻、『義府（一名「放言」）』一巻、『性善論』一巻があり、経世論類には『迂言』二巻、『迂言附録』二巻、『論語三言解』一巻があり、戒告類には『申聞書』一巻、『勤倹約説』一巻、『規約告諭』一巻、『いろは歌』一巻がある。なお昭和四十六年再版の全集本には「広瀬淡窓書翰集」「完本約言」が追補として載せられている。なお全集には他に淡窓・南陔・旭荘三兄弟撰の「家譜」二巻、及び「入門簿」九十一巻も収めてある。述義類は淡窓の思想を述べたものであるが、特に『約言』『析玄』『義府』は「三説」と称せられて重視されていた。この「三説」を対象にして、以下において淡窓の儒学思想について、その特色などを概観していこう。

「折衷」的傾向

淡窓の著作を読むと、それらの中にしばしば淡窓に先行する種々の思想の断片を見出すことになる。たとえば淡窓が「窮理ノ字、一ニ易ニ出ズ。他ニ見ル所ナシ。此ヲ以テ学問ノ先務ト為スハ、蓋シ古ニ非ルナリ。然レドモ今世ノ学問、窮理ヨリ入ラザルヲ得ズ」（『六橋記聞』巻十、原漢文）と語る時、条件付きながら朱子学の「窮理」が肯定されている。また「伊物（伊藤仁斎と荻生徂徠のこと）ノ説、素ヨリ其理アリ、然レドモ程朱ニ抗スルコトハ、迚モ叶ハヌコトナリ」（『夜雨寮筆記』巻二）と、古学より朱子学を是とする淡窓がいる。しかし同時に「予経ヲ説クニ、唯本文アルコトヲ知リテ、註解アルコトヲ知ラズ」（同前巻二）との言は、古学派の学問方法と同じであることを思わせる。また『析玄』では「玄ノ宗ブ所ハ無ナリ。無ハ神明ノ徳、造化ノ機、而シテ聖人之ニ象ル」（原漢文）と、老子の「玄」や「無」が説かれ、彼が老荘思想にも大いに関心を有していたことがわかる。このように、淡窓の学説には様々の先行学説が渾然と摂取されている様に見えたことについて、門人青木益が、

　義府、和漢体勢ノ異ナル所ヲ論シ、三代ノ教必ズシモ法ルベカラザルコトヲ言ヒ、私学蛮学ノ言ヲモ取リ用ヒタリ。析玄ハ老子ヲ祖トス。迂言ノ説往々形名法術ニ近キ所アリトハイヘリ。先生又平日好ンデ仏ヲ談ジ、或ハ鬼神幽明ノ話ヲ悦ビ、俗人

ヲ教フルニハ専ラ応報ノ理ヲ説イテ陰隲録ヲ受持セシム。恐ラクハ後世ニ至リ純儒ニ非ルノ譏リアラン。

といったのに対して、淡窓が、

予未ダ曽テ儒ヲ以テ自ラ居ラズ。何ゾ況ヤ純儒ヲヤ。（中略）我学問ヲスルハ古人ニ奉公ノ為ニ非ズ、唯己ガ身ノ為ニスルナリ。故ニ聖人ノ言ト雖モ己ガ身ニ於テ切ナラザルコトハ之ヲ除キ、諸子百家ノ言タリトモ、己ニ益アル事ハ之ヲ取ル。（『夜雨寮筆記』巻三）

と答えたところには、淡窓の先行諸思想に対する単に折衷的というよりは、学派の相違をこえて、自己の必要と考えるものを自由に取り入れる自覚的な包括的態度がよく示されていると思われる

そこで問題となるのは淡窓の思想においてそれら先行思想がどのように取り入れられているのかということであろう。この点について淡窓思想における古学と朱子学の関係を少し見てゆきたい。

淡窓と古学・朱子学

「六経ノ旨、一言ニテ尽スベシ。敬天コレナリ」（『約言』）と淡窓は述べるが、「六経」の本質が「敬天」にあるとするこの考え方は、「聖人の道、六経の載する所は、みな天を敬

するに帰せざる者なし」（『弁名』下）という荻生徂徠の説に淵源すると考えられる。また学派的人脈において、荻生徂徠―山県周南―永富独嘯庵―亀井南冥―亀井昭陽という人脈を辿ることができ、前述してきた如く、この亀井南冥・昭陽父子に淡窓がその修学期に師事したことからも、淡窓が「六経」の世界に価値の基準を求め、「六経」の中心を「敬天」と規定したこと（「敬天」の内容については後述する）、また「侯国ノ政」を論じたものとされている「迂言」における経世論にも徂徠学的な発想がかなり認められるのであり、それらの点から、淡窓の思想と徂徠の思想との関係を見出すことは間違いとはいえないであろう。しかし徂徠学との連続性を過大に考えることは危険である。例えば徂徠は道という問題について「道と申候は、事物当行の理にても無レ之、天地自然の道にても無レ之、聖人の建立被レ成候道にて、道といふは国天下を治候仕様に候」（『徂徠先生答問書』）と述べているように、道とは「治国安民」のために聖人が「制作」した手段であるとするところに徂徠学の特徴があった。しかしこれについて淡窓は「道ハ聖人ノ制作ヲ仮ラサルニハアラサレトモ、聖人未タ曽テ我レ之ヲ作ルトノ玉ハスシテ、之ヲ天命ニ帰シ玉ヘリ」（『夜雨寮筆記』巻二）と、きわめて消極的な評価しか与えない。さらに「其学（徂徠学のこと）経済ヲ第一義トシ、修身ヲ第二義トス。故ニ身心ノ工夫ニ至ツテハ、宋儒ノ百カ一モ心ヲ用ヒス、其余流タル者、専ラ詩賦文章ヲ事トスルニ過キス。且ツ道ヲ作リ者ト見ル所ヨリシテ、末流ノ徒ニハ、放逸無慙ノ者多ク出来レリ」（同前）と、きびしい評価を加えている。淡窓によれば徂徠が経済・詩文を重視し、修身・道徳を軽視したため、その末流において軽佻浮薄な道徳的に問題ある風潮を生み出した。その弊は道を「天」に帰することなく、聖人の作為に帰したためであるとする。淡窓は、道徳の問題を軽視することはできないと考えており、「修身」を重視する宋学・朱子学を捨てられないのもそのためである。だから同じ古学派についても「仁斎・東涯ノ徳行ノ如キハ、程朱ニ配シテ愧ヅルコトナシ」（『儒林評』）と、伊藤仁斎・東涯については、その徳行の故に称賛するのである。かくて淡窓は「先生宋儒ヲ尊崇スルコト甚シ」（『夜雨寮筆記』巻二）と弟子にいわれるほどに朱子学をも重視したのであるが、それは前述の如く、「己カ身ノ為ニスル」学問の中に道徳的修養の存在が重要であると考えていたためである。だがそのことは淡窓が宋学的発想のもとで修身論を復活させようとしたことにはならなかった。朱子学における修身論は、自己の心の自律的な統御能力に対する信頼を前提として成立するものであった（『格物致知・誠意正心、修身斉家』という『大学』八条目を想起せよ）。淡窓はこの前提を放棄している。彼は「我ガ心ヲ以テ我ガ心ヲ攻ムルハ、ナホ左手、右手闘フガゴトキノミ」（『約言』）

と、心で心を統御することの困難さを認めている。しかも一方で淡窓はこの問題について徂徠学に拠ることはできなかった。このような状況下でその解決の方向を示しているのが淡窓の「敬天」の思想であった。

二　「天」「天命」と「敬天」思想

聖人ノ教、敬天ヲ主トスルコト勿論ナリ。ソノ上ニモ鬼神ヲ尊ビ禍福災祥ヲ以テ人ヲ導クコト、コレ民心ヲ固結スル所以ナリ。後儒意ニ達セズ、天ト鬼神トヲ以テ無知トシ、禍福応報ノ説ヲ忌ミ嫌フ。是ヲ以テ其教下民ニ及ブコト能ハズ、異端ノ輩其虚ニ乗ジテ邪説ヲ以テ民心ヲ結ブ。(中略)約言ハ君師タル人ニ勧ムルニ民心ヲ結ブノ道ヲ以テシ（以下略）。（『夜雨寮筆記』巻三）

というのが、三説の中心ともいうべき『約言』を著した淡窓の主旨であるが、「聖人ノ教」は「敬天」を根本とするというのが淡窓の思想の中核でもあったのである。

「天」

それでは、「敬天」という場合、まずその「天」を淡窓はどのように解していたであろうか。

ソレ万物ノ生何クヨリ出デ、而シテソノ死何クニ帰スルヤ。誰カコレヲ寿夭シ、誰カコレヲ窮達スルヤ。固ヨリ吾人ノ測知スル所ニ非ズ。古昔ノ聖人、仰ギテ観、俯シテ察シ、宇宙ノ理ヲ窮メ、以テ彼ノ蒼々ノ中、主宰者ノ有ル在ルヲ知ル。乃チコレヲ尊ンデ上帝ト曰フ。猶人間ニ帝王有ルガゴトキナリ。天ノ為ス所、コレヲ称シテ命ト曰フ。猶王者ニ命令有ルガコトキナリ。(『約言』)

淡窓によれば天は万物に「命」を下す超越的な「主宰者」「上帝」であるとされる。逆にいえば万物はすべて天からその命令(「天命」)をうけるものであるとされた。淡窓はさらに次のように述べる。「天ノ神明不思議ナルコト、理ノ一字ニ尽スベキニ非ズ。己ガ智ヲ以テ理ヲ究メテ、天ハ即チ理ト云フハ、畢竟私智ヲ以テ天ヲ測ル所ニシテ、不敬ニオツルコトヲ免カレザルベシ」(『約言或問国文』)と。人間の側から「天」を「理」で推し測ることはできない。そもそも「天地ノ理ヲ究メルコト」は容易なことではない。宋儒の如く「天」を「理」で解釈しようとすると、天の「神明不思議」な働きを法則化し、固定化してしまうことになると、宋儒の「天即理」という考え方を批判している。そして易でいう「窮理」とは「聖人ノ事」であって、聖人は「天下ノ理ヲ究メ玉ヒテ、天ノ最尊独貴タルコトヲ知リテ、敬天ヲ以テ天下古今ノ教トナシ」(同前)たのである。従って「衆人ハ唯聖人ノ教ニ従テ天ヲ敬スレバ足リ、何ゾ必シモ其理ヲ究」める必要があろうか。「予ノ意ハ天ヲ敬シ其ノ理ヲ窮メザルニ在リ。(中略)予天ヲ説クニ其ノ変幻不測、双陸骰子ノ如キヲ欲ス」(『六橋記聞』十)。双六のサイコロのように予測を許さぬ「変幻不測」を、淡窓は天の働きととらえた。そこから淡窓はその天の「変幻不測」を表わす言葉として「天命」を用いるのである。

「天命」

故ニ天命ヲ奉ズト云フハ、正ニ処シ、変ニ処スルニ、皆帰ル処ナシ。天理ニヨルト云ハバ、正ニ処スベクシテ、変ニ処シ難キニ似タリ。是レ我ガ天命ヲ以テ言ヲ立ツル所以ナリ。(『約言或問国文』)

「敬天」

「天」と「天命」がこのようなものとされるとき、「敬天」とはいかなる意味を帯びるものであろうか。淡窓は「敬天」の「敬」と、朱子学で説く「持敬」の「敬」とを区別する。すなわち淡窓によれば「持敬」の「敬」は「斉整厳粛」の意であり、それは例えば「飯ヲ契スルトキハ、心飯上ニアリ(中略)道ヲ行クトキハ、心道上ニ在リ(中略)唯一心一向ニスベキコトヲ為シテ、他事ニ心ノ散乱セザル」ことをいう。現在自分の向っている事柄にひたすら集中するのが「持敬」であるという。これに対して「敬天」の「敬」は「天」に対する「尊崇敬畏」の意であるとして次のように説明する。

尊崇敬畏トハ何ゾヤ。天ハ高キニ在リト云ヘドモ、下キニミル。故ニ一タビ手ヲ動シ一タビ足ヲ挙グルニモ、不敬ノ事アレバ、上天ノ照覧ヲ憚ラヌナリ。幽室闇夜無人ノ境トイヘドモ、天ノ見玉ハザル所ナシ。敬畏ノ心片時モ忘ルベカラズト。是敬天也。(『約言或問国文』)

「敬天」とはいかなる場にあっても常に「天」の「照覧」を常に意識し、それに「敬畏ノ心」を抱き行動することである。人間は「天」という超越的主宰者的存在と自己との結びつきを常に意識し、それによって自己を正し、反省することが「敬天」の立場であることを、淡窓は例えば、人が禁酒をしようとする際に、

己レガ心ヲ以テ己レガ酒ヲヤムルハ、猶持敬スル者ノ、己ガ心ヲ以テ己ガ身ヲ持スルガ如シ(宋学的な立場を喩えたものである)、神罰ヲ畏レテ己レガ酒ヲヤムルハ、猶天ヲ敬スル者ノ、天威ヲ以テ己ガ身ヲ正スガ如シ。是我敬天ヲ本トスル所以ナリ。(『約言或問国文』)

といった、卑近な比喩によっても説明しようとするのである。

このように見てくるならば、淡窓における「敬天」は、一つには朱子学における「天即理」説がもたらす「天」の法則化、固定化を排して、人間の内面＝「心」の問題にお

いて、その拠り所としてと同時に道徳的修身論を提示したところに意義があるということになろう。ただ淡窓が「教ノ大略ハ敬天ヲ本トシテ、内ニハ天命ニ安ンズルノ義ヲ立テ、死生ノ大事ニ逢ウテモ、少シモ心ヲ動カサザルヲ以テ本トスベシ。外ニハ君ニ事ヘ父ニ事ヘ家ヲ斉ヘ国ヲ治ムルノ事業ヲ以テ用トスベシ」(『約言或問国文』)と述べているところでは、前半部分はその「心」のあり方について、前述のことと同様の趣旨を述べているると思われるが、後半の「外ニハ……」と述べているところは、「敬天」思想のもう一面を示しているといえよう。つまり「君ニ事ヘ父ニ事ヘ家ヲ斉ヘ国ヲ治ム」とは「心」の、外部への実践であるということになろう。「敬天」はすべての人々に受けいれられるべきものであるが、その人の立場に応じて実践のあり方は少しく異なるであろう。治者に対しては例えば「天命ノ大段ハ、時処位是レ也。此ノ三ツノ者ヲ明サズンバ、経済ノ書数千巻ヲヨミタリトモ、国ヲ治ムルコト能ハザル也」(『約言或問国文』)と、状況の変化を天にもとづくものとしてうけとめ、「時処位」を明らかにすること(＝現実の状況に適確に対応すること)が求められる。ところで、

天の命を降すや、人に因りて殊なる。孔子の教へを万世に垂るるがごときは、ただ聖人のみこれに任ず。(中略)常人を以てこれを言へば、臣の天は君なり。子の天は父

迂言
國本一
東照神祖、關原ノ一戰ニ、四海ノ亂ヲ平ケ玉ヒショリ、今ニ至ルマテ、二百三十余年、天下安然トメ、干戈ノ事ヲシラス、君臣上下、各其分ニ安セリ、ソレ漢土ニテハ、三代ヲ稱シ、就中周ハ國運長久ニシテ、八百年ノ久キニ至レリ、然レ氏、武王ヲ去ル事纔ニ三世、昭王ノ時ニシテ、南巡不還ノ變アリ、其子穆王ニ及テ、荒服ノ者至ラス、十餘世幽王ニ至

『迂言』刊本（広瀬本家蔵）

なり。君父の命令何の任じ難きことかこれあらん。（『約言』）

といわれるとき、庶民＝「常人」にとって「天」が何を意味していたか、「天」による絶対化が明らかに示されている。これらのことは何を意味するであろうか。淡窓は「治」と「教」との違いについて「賞罰するは治を施すなり。これを天意に本づくは、教へを立つるなり。治にあらざれば民の身を制するなく、教へにあらざれば民の心を服するなし。治なるものは教への具、教へなるものは治の本、合してこれを言へば道なり」（同前）と述べている。「民の身を制する」「治」の具体的施策は、淡窓においては『迂言』を中心に展開されたといえるが、一方「民の心を服する」「教へ」の具体的現れとして『約言』および『約言或問』を中心とする敬天論が追求されたのである。彼が前引したところで「敬天」を「民心ヲ固結スル所以」とし、『約言』執筆の意図を「君師タル人ニ勧ム

ルニ民心ヲ結ブノ道ヲ以テシ」た、と述べていたことは、注目されねばならない。

『析玄』『義府』

三 「析玄」と「義府」

さてここまで、淡窓の思想について、その「三説」の中心とされる『約言』と、中心思想としての「敬天」を対象に概観してきたが、淡窓には『約言』と共に「三説」と称される『析玄』『義府』という重要な二著がある。ここでは、「敬天」思想との関係に留意しながらその概要を紹介しておきたい。

淡窓みずから「予少キヨリ、老子ヲ好ム」と述べていたが、『析玄』（天保九年脱稿）は彼のこの老子への関心が結実したものということもできる。彼によれば本書は、

大意老子ノ旨、制数二字ニ帰スルコトヲ明ニス。是古人未発ノ説ナリ。内ハ己レカ身心ヨリシテ、外ハ天下ノ政務ニ及ブ迄、此二字ヲ以テ、之ヲ処センニハ、当世ノ要務之ニ過クルコトナシト思ヘリ。（『懐旧楼筆記』巻五）

というものであった。では「数」とは何か。天に昼夜寒暑があり、人に生壮老死があり、国に興廃盛衰があるのが「数」で、定まれるもの、宿命・運命といったものを意味する。

淡窓の関心は人間の行事において免れることのできない変化・隆替といった事象＝「数」にどう対処するかということにあった。淡窓によれば老子は「制数」すなわち数を制する道を説いたのであり、それは内にあっては修身、外にあっては経世の要務である。彼が老子の「無」「無為自然」に注目したのは、それが「制数」を教えるものであるからであり、「無ノ用タル、数ヲ制スルノ道ナリ」（『析玄』）とか、「顧レバ古今情ヲ異ニシ、水土宜シキヲ殊ニス。儒説此ニ行フベカラザルモノ亦多シ。玄門ノ言ニ至ツテハ、常形ナク、定勢ナシ、苟クモ其ノ要領ヲ得バ、則チ施シテ可ナラザルナキ也」（同前）と述べているのはそれを示している。淡窓は変転する事物の動きを把握する理論として老子に関心をもったのである。しかし注目すべきことは、『析玄』の主旨は、このようないわば儒学への補強理論として老子をとらえることのみに存在しないということである。淡窓は「数」は、「そもそも形あるものには免れざるものである」とし、天にも地にも数があり、ましてや人にも数がある。ただ人には心がある。この点で天・地と科を異にする。人に定数が来るのは人の行いに随って変る。人はその努力で、道を以てその数を制さねばならない。一たび制した数に再び制せられないようにすることが肝要で、老子の主張の中心点はここにある、というのである。人間の定数は人間自身の行為によってその定めを制することができ、運命の制数から脱することができる、つまり人間の定数は可変であるとする主張が『析玄』には見出される。これは人間の道徳や社会的実践に対してもきわめて力強い支えとなるであろう。淡窓の「敬天」思想にはその実践において『析玄』に示された思想課題が継承され裏づけとなっていると思われる。

ところで、淡窓は既述したように、人生の岐路と思われたり、重大な決断を迫られたりした時に、しばしば周易によって筮を立て、それが示すところを読みとり理解して、それが示す方向に従っている。易に対する淡窓のこの態度は注目に値する。

淡窓は人生の事、事物の運行、運命の禍福順逆に至るすべてに天命の支配することを信じ、この天命を畏敬することが「敬天」の道であるとした(『約言』)が、その天命を何らかの方法で把握したいと考えて、「敬天」の具体的方法として周易に拠り筮を立て占うことにしたのである。このような淡窓が、易経を中心として天然自然の道理、古今治乱の変、人間の性情を説いて、時処位に応ずる変通の要を述べたものとして『義府』(天保十二年)を著したのである。この書では「我世ニ理ニ拘ハリ義ニ泥ミテ変通スル能ハザル者アルヲ見ル。コノ編作ル所以ナリ」と述べ、理と義についての硬直した理解を打破することに本書の狙いがあるとしている。すなわち『義府』冒頭で「物ニ在リテハ理ト為リ、物ニ処シテハ義ト為ル。理ハ天ニ従ツテ出デ、義ハ我ニ由リテ立ツ」と述べているが、易の理というのは、天が与えた万物の中の理と、人間が生きるために万物と関係を持ってゆくことの道理即ち義、との正しい関係を見とどけることにほかならない。「唯其ノ理ヲ見ルヤ達ナリ。是ヲ以テ義ヲ立ツルヤ活スルナリ」（同前）と、「理」の認識にあたっても、できる限り包括的で通達していることが必要であり、それによって「義」を説くにあたっても、闊達さが期待できると考え、これこそ古聖賢の求めていた理と義との関係であるとした。淡窓にとっては易に拠り筮を立て占うことも、この理と義の正確なあり方を求めてのことであったし、これは天命を畏敬し、天意の我に到達せるを自覚し、さらに勉学によってこれを追求する「敬天」に帰着するのであった。

「敬天」思想を中心とした「三説」の内容は大よそ以上のようなものであった。ここで最後に、淡窓による「敬天」の実践として、『万善簿』について触れて本章を終えることにする。

淡窓はその万善を実践する動機について「初メ余十八才ノ冬、筑前ニ在リシ時、已ニ大病ノキザシアリ。心中ニ甚恐ヲ抱キタリ。因ツテ彼地ニ於テ和訳ノ袁了凡ノ陰隲録一部ヲ買求メテ読レ之、善事ヲ為シテ天助ヲ祈ラント思ヘリ」（『懐旧楼筆記』巻九）と述べてい

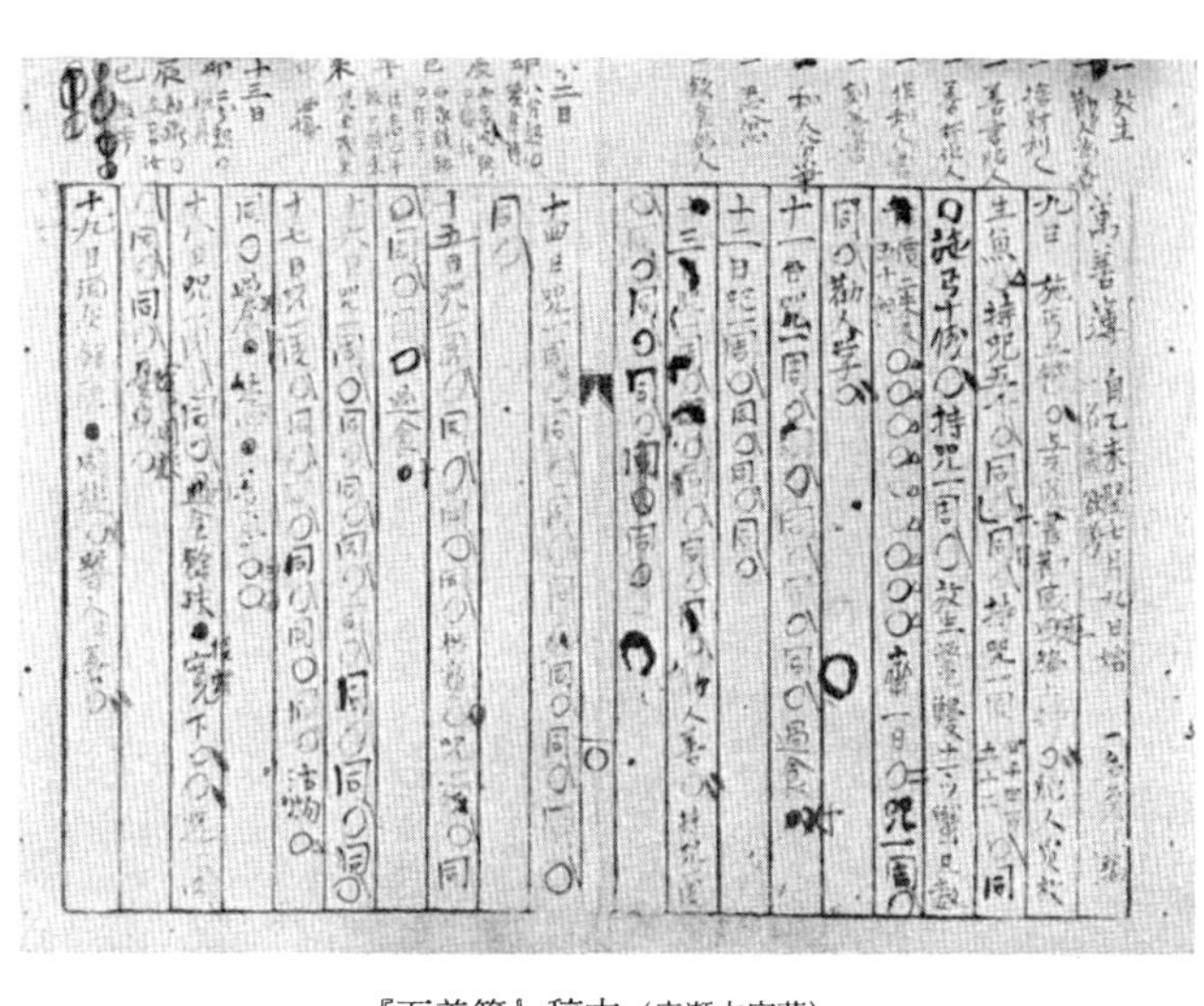

『万善簿』稿本（広瀬本家蔵）

る。しかしその後容易に一万善を実践することができず、『再新録』において「強ヒテ善ヲ為スモノ終ニ成功ナシ」として新たな決意をもって「故ニ今茲乙未閏七月九日（天保六年）ヲ以テ、日暦ヲ編ミ、行事攻過、具ニ此ニ載セ、月ニシテ計リ、歳ニシテ考へ、必ズ一万ノ数ヲ充サン。疾病事故有リト雖モ、敢テ怠廃セズ、昊天後土、実ニ此言ヲ聞ケ」（『再新録』）と明言している。その方法は、善を白丸、悪を黒丸に表示してそれを登記することにより結果が積善数となる。天保六年（一八三五）の五十四歳より、安政元年（一八五四）の七十三歳までの記録が残されているが、初めの一万善は弘化五年を以て達成し、同時に次の一万善貫行を開始している。最終的に一万六千百二十五の善を修めていることになり、晩年に至るほど白丸の数が増大している。『万善簿』は、「敬天」の実践の記録であり、淡窓の自己反省の厳しさを示しているが、これは他人の目に触れないことを前提とした私的なものであることを考えると、淡窓の真摯な姿を彷彿させるものである。

第十一　淡窓の咸宜園の財政的経営

淡窓の死後、青邨の塾政総攬

淡窓の死の翌年、すなわち安政四年（一八五七）、青邨（範治）が第二代咸宜園塾主として塾を継承し、塾政を総攬することになった。

咸宜園の財政上の特色

広瀬家に咸宜園の財政面からの経営状況ないしは経営方針について窺い知る資料が必ず存在するものと考え、筆者は昭和四十年来、広瀬家後庭にある伝来の書庫に立ち入り、諸資料文献の閲覧検索をつづけた結果、次のような咸宜園の財政面の資料に接することが出来た（「咸宜園の財政――塾主の会計記録より見た――」『日本歴史』二七六）。これらの資料はすべて第二代青邨および第三代林外の手による記録であるが、淡窓没後から明治四年林外の東上時までの主として塾主の家計記録の形をとっている。われわれはこれ等の諸記録から淡窓時代の咸宜園経営の方策も推測出来るし、さらに西国郡代と密接な関係を持っていわゆる日田金を運用して、西国一円に金融面での圧倒的実力を発揮した広瀬家を背景にした咸宜園の財政上の特色がいろいろと読みとれて、咸宜園研究上の重要な資料である。その資料は次の通りである。

(1)『安政己未正月　金銭出入簿』

この安政六年は淡窓没後二年目で、塾主となった青邨の家計記録で浄書してない日常的収支の控えである。

(2)『家塾経費録』

文久元年八月までの日常収支の控え。一貫した記述ではない。林外時代の最初のメモ。

(3)『癸亥会計録』

文久三年の塾主家の家計の控え。断片的記録。

(4)『癸亥・甲子・乙丑・丙寅　宜園会計録』

文久三年より慶応二年まで四ヵ年の咸宜園の会計記録。咸宜園の会計が師家のそれとは別に独立して立てられていること、塾生の月費の預り、費目別の支出等がわかる重要な記録であるが、欠落の箇所もあり記載は不統一。

(5)『塾経営録』

年次の記載がないが、(4)につづく慶応三年のものと推定される。

(6)『乙丑雑記、丙寅雑記』

慶応元年と二年の塾主林外の家計録。

(7)『戊辰、己巳家政新録』

明治元年、同二年の林外の家計記録。

(8)『梨陰会計録』

文久三年旭荘が摂津池田で没した時の、葬儀、後始末一切の経費明細書。林外の筆に成るが、記載事項は少ない。

(9)『癸亥、甲子、和肅堂会計録』

(10)『庚申、辛酉、壬戌、癸亥、乙丑、丙寅、丁卯、戊辰、己巳、庚午　和肅堂会計録』

和肅堂とは咸宜園内の塾主の居室で秋風庵のことである。青邨の代からこの呼称を用いた。林外も専らこれを使い著書等の表題にも用いた。上記十種の資料のうち(9)(10)の二冊は青邨・林外時代の塾主の家計の年次的かつ総括的な記録で十種の資料の中、最もよく整理され集約されたものである。この二冊の資料は次のように連続すると考えられる。(10)のはじめの庚申(万延元)から癸亥(文久三)までが連続し、次に(9)の甲子(元治元)を挿入して(10)の乙丑に連続させれば、最後の庚午(明治三)まで十一ヵ年が連続す

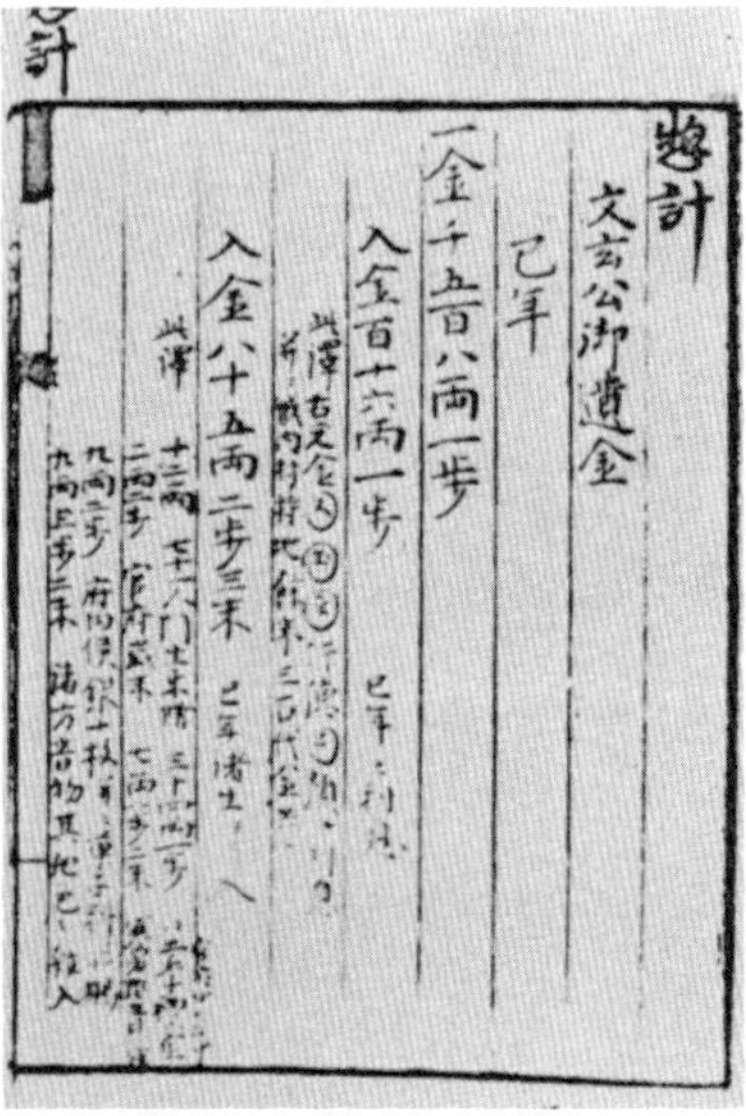

『和粛堂会計録』稿本（広瀬本家蔵）

る。⑼の癸亥と⑽の癸亥は重複というより、⑼の方が原簿でそれを⑽に整理して記述したものと考えられる。

右のような考察が成り立つので、⑼⑽の二冊から成る『和粛堂会計録』が最も重要な資料と判定できる。以下、主としてこの二冊の咸宜園塾主の家計記録から見た咸宜園の財政的経営事情を検討する。

なおここで会計録の記述の読解のための参考資料として、『咸宜園日記』五冊、および『林外日記』十九巻二十四冊を参照した。これらの資料は広瀬家書庫に所蔵されており、その全容の紹介はまだ学界になされていない。

一、文玄公御遺金

前記⑽の惣計の部（青邨時代の会計の総括を記す）に、淡窓が没時の安政三年十一月に、現金で千五百余両の遺金を遺しており、青邨はこれを「文玄公御遺金」として継承し、塾主の基本財産としたことが記述されている。

文玄公御遺金

巳年

一金千五百八両一歩

入金　百十六両一歩（巳年之利息）

此訳　右元金㊅㊄㊁行徳㊀預け利息、幷ニ城内村持地余米三石代金共ニ

入金　八十五両二歩三朱　巳年諸生ヨリ入。

此訳　十三両七十一人門生束脩、三十四両一歩同二季礼金（官府中元在中）、二両二歩官府歳末、七両二朱家暑塾見舞、九両二歩府内侯銀十枚幷ニ菓子料所賜、九両三歩二朱諸方音物其他色々雑入。

出金　百二十六両一歩一朱巳年本宅隠宅雑用〆高

此訳　本宅、隠宅同様ニテ諸入用一切不引分米代味噌醬油薪油炭ヨリ諸雑費在中

出金　百二十七両一歩　巳年非常費

此訳　七両二分大宰府寄進文玄公御遺命、十両二歩北堂小遣月〻〇三百目ッツ
潤月共ニ、四十両三歩隠宅十二畳敷新経営立具迄一切、二十二両二朱台所四畳
半幷ニ水流し、上雪隠新ニ作ル、又下雪院及ビヒサシ瓦葺入用、二両表出格子
入用、二両三歩二朱膳椀廿人前、三十一両林外登坂入用幷ニ小郡行衣類帯代共
ニ、九両三歩一朱小郡婚姻ニ付諸入用高衣類帯在中。

〆右迄

入〆　二百一両三歩三朱

出〆　二百五十三両二歩三朱

出入勘定詰　五十一両三歩不足

此分御遣金ヨリ引

惣有高　千四百五十六両二歩

（注）　咸宜園塾主からまとまった金を預り有利に運用して相当額の利息を塾主に払った日田の豪家、大抵掛屋仲間である。

㊇は広瀬本家久兵衛、㊄は森家、鍋島とも称した。㊈は京屋山田家、㊉は丸屋千原家、行徳は筑後川を少し下って筑前、筑後との国境にある関（せき）村の旧家で医業を営んでいた。咸宜園とは淡窓時

代から永く関係を持った。この外、桝屋草野家、伊予屋手島家、俵屋合原家等があった。

右のように安政三年末、淡窓の没後、青邨が相続した遺金千五百八両一歩は安政四年の収支勘定の結果、五十一両三歩減少して千四百五十六両二歩となって翌安政五年戊午に繰越されている。会計録をたどると、安政五年は収支一両二歩一朱の黒字で元金(遺金をこのようにも称している)は千四百五十八両一朱となり、次の安政六年己未に繰越され、安政六年は七両二歩の不足で元金は千四百五十両一歩一朱となっている。翌万延元年庚申は三十八両二歩二朱の黒字で元金は千四百八十八両三朱、翌文久元年辛酉は中元で締められ次のように記されている。

酉中元総計

一、高千四百六十六両一歩一朱

此訳千四百八十八両二歩二朱ノ内弐拾二両壱歩二朱中元勘定不足引、残ル処

此内

一、金三百両　大兄ニ差上候分引除

差引　残

千百六十六両

三百両もの大金を差上げた大兄とは、二代塾主青邨その人と考えられる。二代青邨が塾主の地位を林外に譲ったのは今までの通説は青邨が府内侯から藩校遊焉館教頭に招かれて日田より府内に向った文久三年と推定されているが、筆者は今までの乏しい研究の結果、文久元年の中元の頃、実質的に林外が塾主となり、青邨に対して今までの咸宜園経営の慰労金的性格をもたせて、林外が大兄と呼称していた青邨に三百両を進呈したと考えるのが自然であり、当然と考えられる。

青邨は三百両を中元の時期に贈られ、それを受理して、同年九月日田を離れて東遊し、約一ヵ年後に日田に戻り間もなく府内に出向している。林外が塾主となってはじめて可能となった三百両の進呈と考えるべきであろう。

さてわれわれは上記会計諸記録から、咸宜園塾主の収入の実態を推測出来る。それは第一に入門者の入門時の束脩、これは百疋（金一歩に換算）二朱、一歩、二歩等、門生により相違があった。次に塾生の二季（夏と冬）の礼金と暑中見舞と寒中見舞金、記録を見ると中元は都講、舎長など幹部級で百疋、暑中見舞は二百十文が標準であったようである。文久二年の記録は歳末の礼金として塾生から金十五両一歩一朱届けられ、別に寒中見舞金として十六貫百七十文届けられたこと、さらに歳末は外来生も礼金と寒中見舞をしたことが「二両三歩一朱　外来」と記され合計二十両二朱の歳末の収入があったことが記されている。

その他に雑収入がこの文久二年は約四十項目が記されており、その中、潤筆料が十八、見舞が十五、その他が七となっている。

咸宜園で勉学したものが大帰しても折にふれて旧師を訪問したり、後輩たちと親しい交りを一―二日して帰ることがあるが、その砌、彼等は旧師に見舞金を贈ったり、潤筆を乞うて潤筆料を贈っているのが記録に見える。

次に師家の収入の重要なものは、文玄公遺金（元金）を日田の豪商に貸付けて、相当の利息収入をあげている点である。

文久二年の総計を見ると、収入の合計百八十六両の内、利息収入百九両一歩二朱、暑中（中元）及び寒中（歳末）の礼金三十五両二歩、束脩及び見舞金二十一両三朱と記録されている。一年の収入の中、受取利息が如何に大きな比率を占めるかが分かる。この利息はいわゆる元金の有利な貸付けによるもので、咸宜園師家はこの面でも有利な採算をはかったのである。

次に代官府からの俸金が支給された。安政四年、青邨は代官府から中元と二両二歩の

束脩等は現金

歳末を受取ったと記しているが中元の額の記載がない。普通、中元とほぼ同額と考えられるので、代官府から年五両ばかりの金が渡されたようである。

われわれが注目すべき点は、上記の束脩に始まる塾主への謝礼、見舞金はすべて現金でなされていた点である。それと咸宜園塾主の会計は、金融資本家として西国一帯に力を揮った広瀬本家が十分に見守り、有利な利息をあげる融資の斡旋等、広瀬家の家業の一環と考えて全面的に協力していた点である。

あとがき

本書は、長年にわたり広瀬淡窓と咸宜園に関する研究を発表し、その成果を『日本教育思想史の研究』(昭和五十三年)、『福岡県の教育史』(昭和五十九年)等の著書にまとめられた故井上義巳教授の遺著である。教授は大正九年福岡県に生れ、昭和十七年広島高等師範学校を卒業し、教職に就き、戦後は昭和二十三年九州大学文学部哲学科に入学、二十九年大学院を修了、以後、九州大学教育学部に長年勤務されて、四十七年九州大学教授を退職、翌四十八年より五十三年まで青山学院大学文学部教授として勤務、同時に敬虔なクリスチャンであられた教授は、五十三年四月より西南女学院院長に就任されたのであった。その間も一貫して日本教育史、教育思想史研究を続けておられた。

日本歴史学会では、人物叢書の一冊として「広瀬淡窓」をとり上げるにあたり、昭和四十五年三月、その執筆を教授に依頼し、六十年初、大変大部の原稿を頂くことができた。原稿は直ちに日本歴史学会において校閲し、枚数においてかなり超過すること等、いくつかの点について再閲を御願いし(六十年九月)、改稿も進められていたところ、思いがけなくも、昭和六十一年三月二十八日急逝され、不帰の客となられた。享年六十七だった。

日本歴史学会では、教授の遺された改稿浄書中の原稿と初稿原稿をもとに、本書の出版を考え、御遺族とも相談の結果、刊行を決定した。ただ改稿浄書はすべてに及んでおらず(全体の六〇%)、また例えば第十章の「淡窓の儒学思想」については、未改稿のままであり、系図、略年譜等は未完という状態であったために、それらの点については学会において補訂執筆の上、教授の一周忌にあたる六十二年三月二十八日の刊行を目標とした。その上で補筆をはじめ校正等についての一切を、青山学院大学文学部史学科に勤務する沼田哲に依頼したのは、六十一年の夏休み直前であった。沼田は日本近世・近代思想史を専攻する者であるが、これまで広瀬淡窓や咸宜園については、関心は有しながらも、実際には同教授が発表された論文の二、三及び他の人の一、二の論文を読むにすぎず、また咸宜園には十六、七年前に一度訪れたことがある、といった程度のものでしかなく、淡窓について直接研究したことはなかったので、補筆を行うについては心中忸怩たるものがあった。しかしながらともあれ、まず教授の原稿・浄書原稿を預り、通読の上、両原稿の対照校閲を行い、文章表現上の訂正をし、さらに大部の『増補淡窓全集』上・中・

下三冊のうちより淡窓の著述、「約言」「析玄」「義府」「灯火記聞」「懐旧楼筆記」「遠思楼詩鈔」等を読み、ようやく「第十　淡窓の儒学思想」を書き、六十一年十月末編集部に渡し、引続き初校校正、略年譜等の作成、再校校正等を行ってきた。

以上のような経緯で、沼田は本書の刊行に微力ながらお手伝いすることになったのであるが、考えてみると、教授が青山学院大学文学部を辞されて西南女学院院長に就任された五十三年四月に、青山学院大学文学部に転じて来たのであった。従って教授とはすれちがいの形となり直接には存じ上げないままであった。今回このような形でお手伝いすることになったことは、何やらめぐりめぐっての御縁というものを感じさせられた次第である。

なお最後に、上述のように諸事まことに急な成行であったために、第十章執筆にあたっては、諸先学の研究、特に、松本三之介、小島康敬両氏の論文(巻末参考文献参照)を多く参照させて頂いたことを明記しておきたい。

昭和六十二年一月十五日

沼　田　　哲

広瀬氏略系図

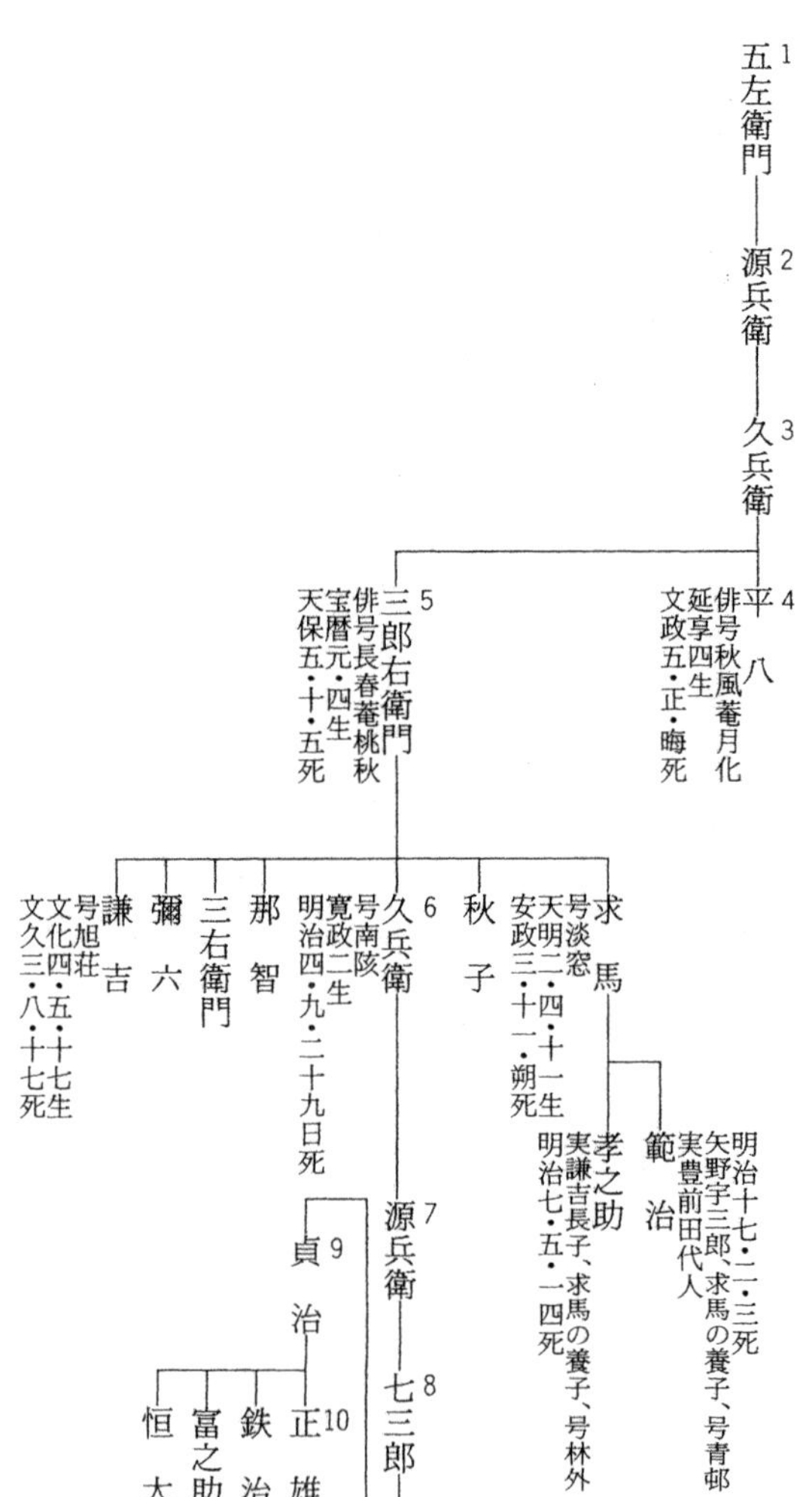

1 五左衛門
2 源兵衛
3 久兵衛
4 平八
俳号秋風菴月化
延享四生
文政五・正・晦死
5 三郎右衛門
俳号長春菴桃秋
宝暦元・四生
天保五・十・五死
求馬
号淡窓
天明二・四・十一生
安政三・十一・朔死
秋子
6 久兵衛
号南陔
寛政二生
明治四・九・二十九日死
那智
三右衛門
彌六
謙吉
号旭荘
文化四・五・十七生
文久三・八・十七死
範治
明治十七・二・三死
矢野宇三郎、求馬の養子、号青邨
実豊前田代人
孝之助
実謙吉長子、求馬の養子、号林外
明治七・五・一四死
7 源兵衛
8 七三郎
9 貞治
10 正雄
鉄治
富之助
恒太

略年譜

（主として『淡窓先生年譜』（『増補淡窓全集』下巻所収）に拠り、『懐旧楼筆記』（同下巻）及び各種日記等を参照して作成した。）

年次	西暦	年齢	事蹟	参考事項
天明 二	一七八二	一	四月一一日、豊後国日田町豆田魚町広瀬家に、父三郎右衛門貞恒（長春庵桃秋）、母ゆい（後藤氏）の長男として生る。幼名を寅之助と称した六歳に至るまで伯父平八貞高（秋風庵月化）夫婦のもとで養育された	
三	一七八三	二	一二月、妹アリ生る。後年秋子と称した	七月、浅間山噴火
四	一七八四	三		二月、福岡藩校修猷館・甘棠館設立○この年諸国飢饉
五	一七八五	四		この年、安積艮斎生る
六	一七八六	五		六月、松平定信老中となる○八月、田沼意次失脚
七	一七八七	六	魚町の実家に帰る。父母の下で読書習字を習わせるためという	
八	一七八八	七	父から「孝経」の句読を受ける。翌年にかけては四書の句読を受けた	一月、柴野栗山幕府に仕える○八月、老中松平定信将軍（家斉）補佐となる
寛政 元	一七八九	八	冬、長福寺住持法幢上人に就き「詩経」の句読を受けた	三月、三浦梅園没（六七歳）○この年、梁川星巌生る

寛政二	一七九〇	九	豆田町椋野元俊にも就き「書経」「春秋」の句読を受け、その間に父より「古文真宝」の句読を受ける○九月より豆田室町頓宮四極に就いて「蒙求」「漢書」「文選」等の講義を聞いた○弟久兵衛嘉貞(号南陔)生る	五月、幕府、聖堂において朱子学のほか異学の講究を禁じた
三	一七九一	一〇	自家に寄寓の松下西洋(久留米の浪人)に従い漢詩を学んだ	
四	一七九二	一一		五月、幕府『海国兵談』を絶版とし、林子平処罰○九月、ロシア使節ラクスマン根室に来航
五	一七九三	一二	父と親交のある高山彦九郎日田に来遊、その折淡窓の才を賞讃、和歌を贈られる○西国郡代揖斐正高任を止められ代官羽倉秘救に代る○祖父久兵衛没す(八〇歳)	七月、幕府は塙保己一に和学講談所設立を許した
六	一七九四	一三	春、太宰府天満宮に参詣し、田代に往く○この春、松下西洋佐伯藩の聘に応じて赴く○六月、元服○九月、父に従い豊前に遊び宇佐八幡宮に詣でる	
七	一七九五	一四	四月、父の命により佐伯に赴き、松下西洋のもとで四ヵ月学ぶ	
八	一七九六	一五	八月、藤左仲の案内で筑前に往き亀井昭陽に謁す。途中秋月にて原古処と会う○冬、伯父月化の発句	

			集の序を昭陽に乞うため再び福岡へ往く	
九	一七九七	一六	一月、亀井昭陽に入塾、南冥に謁した（時に南冥五〇歳、昭陽二五歳）	一二月、聖堂の管理を林家から幕府に移した
一〇	一七九八	一七	二月、帰省中甘棠館・亀井家の焼失を聞き急ぎ福岡へ戻る。昭陽姪の浜に甘古堂を開設す。淡窓は引続き従学した○弟仲平（後三右衛門、棣園と号す）生る	六月、本居宣長『古事記伝』完成○八月、本多利明『西域物語』成立
一一	一七九九	一八	冬、病起り、一二月、塾を去って日田に戻る（在塾正味二年余り）	
一二	一八〇〇	一九	一・二月病気極めて重く、伯母・妹アリ看護す。肥後の人倉重湊の治療を受け、五月頃漸く病床を離れることを得た（以後数年養生の生活を送る）	三月、聖堂（昌平坂学問所）落成、諸士の入門を許した
享和元	一八〇一	二〇	春、日出より帆足万里来訪○この年頃『老子国字解』を読み、老子を好んだ	六月、細井平洲没（七四歳）○九月、本居宣長没（七二歳）○この年、大槻磐渓生る
二	一八〇二	二一	八月、福岡に赴き亀井南冥の六〇の寿を賀す○代官羽倉秘救より月六回の四書講義を命ぜられた	
三	一八〇三	二二	妹アリ、兄の命に代らんとの大誓願を仏に誓い薙髪せんとして果さず、豪潮律師の勧めにより京都に赴き、官女風早二位局に仕え、名を秋子（トキコ）と称し、宮中に仕えるに至った	

年号	西暦	年齢	事項	参考事項
文化 元	一八〇四	二三	日田来訪の倉重湊に書を以て自己の進路を問い、倉重より儒を以て講業・教授を為すべきを忠告され決意した	二月、中井竹山没（七五歳）○九月、ロシア使節レザノフ、通商を求め長崎に来航
二	一八〇五	二四	三月一六日、豆田町長福寺学寮を借りて転居、講義を開始した○七月一七日、妹秋子京都にて病没（二二歳）○八月、豆田町大坂屋林左衛門の家を借り転居、成章舎と名付ける。師弟の別を明らかにし、また初めて月旦評を作成する（入門者　八人）	
三	一八〇六	二五	九月、伯父月化と共に五馬に遊ぶ。「五馬紀行」（月化筆）成る（入門者一七人）	
四	一八〇七	二六	五月一七日、弟謙吉（旭荘）生る○六月、豆田東偏裏町に建築中の書塾桂林園完成し移転す。「桂林荘雑詠」四首成る○一一月、病起り重症（翌春三・四月復帰）（入門者　五人）	
五	一八〇八	二七	箕浦東伯を介し神辺の菅茶山に詩の評を乞う。この時頼子成（山陽）にも合せて評を乞う○六月、代官羽倉秘救が没した（入門者二六人）	八月、フェートン号事件起る
六	一八〇九	二八	五月、眼病治療のため筑前須恵に赴く。途次福岡にて亀井父子を訪うた（入門者三二人）	
七	一八一〇	二九	九月二日、日田合原善兵衛の娘ナナと結婚○九月、	

			彦山参詣、病気平癒祈願○この年代官羽倉左門江戸へ戻る（秋、越後代官に任命）○九月、西国郡代三河口太忠日田着任○倉重湊没（五〇歳）○松下西洋没（四七歳）（入門者三三人）	
八	一八一一	三〇	春、弟南陔代官所の命にて対馬に赴く○館林伊織、玖珠麻生家の養子となる（入門者二八人）	五月、幕府、天文方に蕃書和解御用掛を設ける○六月、ロシア艦長ゴロウニンを捕える
九	一八一二	三一	二月二二日、母没（四八歳）（入門者二二人）	八月、ロシア、高田屋嘉兵衛を捕える
一〇	一八一三	三二	この年八月二三日より日記を記し始める○郡代三河口太忠没○一一月、妹ナチ玖珠麻生伊織に嫁す○一二月、「宥座語」を作る	冬、海保青陵『稽古談』成立○一二月、尾藤二洲没（六八歳）
一一	一八一四	三三	三月二日、亀井南冥死去（七二歳）の報があり、福岡に赴き弔問○五月一八日、「懲毖論」を著す○六月、秋月原古処来訪○七月、頓宮四極没（七五歳）（入門者二七人）	
一二	一八一五	三四	二月六日、「報恩説」を作る。この年日田隈町大火があった○一二月二八日、父三郎右衛門隠居を許され、弟久兵衛が広瀬家六代として家政を執る（入門者二八人）	四月、杉田玄白『蘭学事始』成立
一三	一八一六	三五	四月二七日、眼疾平癒祈願のため「五事ノ工夫ノ	二月、頼春水没（七一歳）

年号	西暦	年齢	事項	参考事項
			条目」を立てる○この年の入門者中には中島子玉がいた　（入門者三〇人）	
文化一四	一八一七	三六	二月二八日、堀田村秋風庵隣地に桂林園の移築完成し、三月二五日移転、咸宜園と称した。「卜居ノ詩」成る○八月、書斎遠思楼完成○一〇月、代官塩谷大四郎着任○一一月一〇日、祖母没す（九三歳）　（入門者三一人）	四月、杉田玄白没（八五歳）○五月、古賀精里没（六五歳）○八月、岡田寒泉没（七一歳）
文政元	一八一八	三七	一月、中島子玉、佐伯に帰省す（六月日田再遊）○一一月八日、頼山陽日田に来遊、滞在す。早速相見往復　（入門者三七人）	四月、伊能忠敬没（七四歳）○一〇月、司馬江漢没（七二歳）
二	一八一九	三八	七月五日、中島子玉を亀井塾に学ばせる○九月二二日、父と伯父の強い勧めにより、塩谷代官より用人格に任命される　（入門者五七人）	
三	一八二〇	三九	二月、中島子玉筑前より戻る。都講に任ず○七月二三日、原古処・娘采蘋日田に来訪○一〇月一〇日、代官咸宜園来訪　（入門者六一人）	八月、山片蟠桃『夢の代』成立
四	一八二一	四〇	三月五日、咸宜園東塾落成○六月、塩谷代官西国郡代に昇進○一〇月、中島子玉、塾を去り帰郷　（入門者四九人）	
五	一八二二	四一	正月三〇日、伯父月化没す（七六歳）○二月、鶴崎の人毛利空巣来見○九月二四日、伯母月化夫人	

			没（七二歳）　（入門者五六人）	
六	一八二三	四二	二月一三日、旭荘謙吉を義嗣とし、官府の許可を得た　（入門者五〇人）	三月、立原翠軒没（八〇歳）○四月、大田南畝没（七五歳）○七月、シーボルト長崎出島に着す
七	一八二四	四三	三月一九日、「自新録」脱稿○四月、続編成る○九月二〇日、美濃人梁川星巌来訪（入門者七三人）	
八	一八二五	四四	二月二五日、田能村竹田来訪○四月五日、「敬天説」脱稿、後改稿して「約言」とした○夏より塾生脚気腫を病む者多く三人を失う○秋より大病し、一二月筑後の医権藤直の手術を受ける。生来の三大厄の一である　（入門者八二人）	三月、会沢安『新論』成立
九	一八二六	四五	春頃豊前各地に代官の命で新田開発事業を起す。南陔は、代官の命にて担当。淡窓は辞退を勧告したが聴きいれられなかった○一二月、病に伏す　（入門者四五人）	一二月、藤田幽谷没（五三歳）
一〇	一八二七	四六	病床にて春を迎えた○四月、旭荘讃岐金毘羅参詣、ついで神辺廉塾に滞在。九月に戻る○八月、菅茶山没（八〇歳）○この年、原古処没（六一歳）　（入門者五九人）	五月、頼山陽『日本外史』を松平定信に献ず
一一	一八二八	四七	五月二日、「約言」脱稿、改稿前後三度。この書を世間に発表すべきかについて筮を立てたが否と出	一〇月、高橋景保秘かに図書をシーボルトに与え捕えられる

			る（入門者五五人）	
文政一二	一八二九	四八	五月一〇日、肥前田代よりの聘に応じて同地に赴き東明館に教授した。のち旭荘を派遣○七月九日、新月旦制を作り九等とする（入門者九〇人）	九月、シーボルトに帰国を命じ再渡来を禁ず
天保　元	一八三〇	四九	閏三月、塾政を旭荘にまかせ自らは講業のみに従う○八月一九日、亀井昭陽より「約言」の序および約言答問数則を贈来る（入門者五六人）	
二	一八三一	五〇	四月二八日、「家難」起る。月旦評について塩谷郡代の介入による○一二月一日、「約言或問」成る（入門者七五人）	
三	一八三二	五一	四月、父の命にて伯父月化の秋風庵遺稿を校訂、上木をはかる○一〇月一日、頼山陽の没を聞く（九月二三日没、五三歳）（入門者七六人）	
四	一八三三	五二	一月二九日、月旦評につき「官府の難」起る○三月二八日、月旦評のため再び「官府の難」起る○五月、代官の意向により暫く淡窓は塾政を執る（一二月、旭荘に再びまかす）○八月、旧門生松本九蔵を介し、その師大塩平八郎の「洗心洞劄記」の寄贈があった○九月、大病す。そのため「遠思楼詩鈔」の編纂を思立った（入門者六二人）	
五	一八三四	五三	四月、月旦評につき「官府の難」起る○五月、郡	五月、頼杏坪没（七九歳）　この年

			代塾式規約を強制○六月二二日、郡代、門人僧真道の追放を命令○七月二一日、淡窓、郡代の圧力干渉に対し塾生に小結社を作らせ団結を固めた(日新社・廻瀾社等出来る)○中島子玉の訃報到る(三四歳)○七月二五日、秋風庵文集上木成り、百余部が浪華より到来した○一〇月五日、父三郎右衛門桃秋没す(八四歳)　(入門者六一人)	諸国飢餓
六	一八三五	五四	一月一四日、旭荘西遊(七月迄)○三月二六日、郡代僧来真を芸州より招き、塾都講任命を強制した○八月二日、「再新録」脱稿。「功過格ヲ立テル」(「万善簿」の開始)○八月二〇日、郡代幕命にて東上(再西下なし。翌年二の丸留守居に転ず)　(入門者五一人)	七月、狩谷棭斎没(六一歳)○九月、田能村竹田没(五九歳)
七	一八三六	五五	四月二二日、旭荘東遊、再び塾政を見た○五月一七日、亀井昭陽没す(六四歳)、門人を派し弔問させた○六月、長崎高木作右衛門西国郡代を兼ねる○七月、「前定録」「倹奢考」を編む○九月二九日、旭荘の子孝之助(後林外)生る○一一月一〇日、「丙申改正規約」「告諭」を門人に示した○一二月二五日、「析玄」起稿　(入門者二九人)	この年、帆足万里『窮理通』成立○全国飢饉○八月、甲斐郡内騒動○九月、三河加茂一揆○一一月、古賀穀堂没(五九歳)
八	一八三七	五六	二月、眼疾○九月二二日、旭荘が東遊より帰省し	二月、大坂に大塩平八郎の乱が起こ

			た○九月二七日、新代官寺西内蔵太着任を出迎える○一〇月一日、寺西代官より前任者と同様の待遇の申し渡しがあった　（入門者二六人）	る○六月、モリソン号事件
天保　九	一八三八	五七	二月一六日、旭荘再び東遊○五月、『天保三十六家絶句』中に七絶二五首採られる○六月六日、『宜園百家詩』二巻編む○『遠思楼詩鈔』官評を得、また大いに世に行われる○一〇月一六日、「析玄」脱稿　（入門者六〇人）	この年、緒方洪庵、適々斎塾を開く
一〇	一八三九	五八	二月三日、矢野範治都講となる○三月六日、月旦の階級を改制した○四月、筑前歌人大隈言道入門○四月二〇日、『遠思楼詩鈔』版元の浪華の書林河内屋茂兵衛来遊○四月末、旭荘の妻及び子孝之助浪華へ発つ。淡窓夫人同行のうえ京摂を遊覧した　（入門者四八人）	一二月、蛮社の獄
一一	一八四〇	五九	岡研介の訃報（四一歳）○六月二六日、久兵衛南陔府内藩の聘をうけ財政改革にあたる○八月二八日、「迂言」脱稿○九月、月旦評に真権の法を立てる○一〇月九日、玖珠に遊ぶ。二〇年来の雅興○一一月二日、寺西代官没す　（入門者三九人）	
一二	一八四一	六〇	五月一七日、塾生のために免役銭の制を立てる○七月九日、旭荘浪華より帰る。『宜園百家詩』八巻	五月、天保改革始まる○七月、林述斎没（七四歳）○八月、水戸、弘道

年号	西暦	年齢	事蹟	一般事項
			の新刻が成り、二百余部を齎らす○八月二日、旭荘の浪華行を見送り、馬関旅行をする○九月一五日、武谷祐之権都講となる○一〇月二日、矢野範治肥後行、医を学ぶ○一一月七日、「義府」脱稿○一二月二〇日、新代官竹尾清右衛門着任（入門者四六人）	館開設○一〇月、渡辺崋山自刃（四九歳）○一一月、佐藤一斎幕府儒者となる
一三	一八四二	六一	三月八日、亀井昭陽七年忌墓参のため福岡行○四月七日、旭荘浪華より帰り、同一四日、大村藩の招聘に応じて赴いた○九月三日、淡窓大村藩より招聘を受け出発。藩校五教館の教育改正と藩主への講義を行う。旭荘交代し浪華へ帰る○一一月一日～六日、長崎行○同月二六日、大村を発し帰途肥前多久の孔子廟を訪い一二月二日帰着○一二月一七日、幕府より永世苗字帯刀差免される（入門者五五人）	一〇月、高島秋帆投獄さる
一四	一八四三	六二	六月、塾生へ門外規約を定める○七月一二日、林外母子浪華より帰家す○八月一〇日、宿疾治療のため杖立温泉へ赴く○一二月一七日、改正規約を掲示した（入門者九一人）	八月、聖堂を学問所と称す○閏九月、老中水野忠邦、勘定吟味役羽倉用九罷免される
弘化元	一八四四	六三	六月二八日、矢野範治（青村）を淡窓の養子とした○九月一日、府内藩の招聘を受け赴く。藩主・	四月、松崎慊堂没（七四歳）

			前藩主等への講義、一〇月九日帰宅した （入門者一一三人）	
弘化二	一八四五	六四	二月、「析玄」上梓の官許があった○二月二八日、大村再行○四月六日、長崎再遊唐蘭両館を見た（四月二五日日田帰着）○五月六日、府内再行（六月五日帰着）○九月六日、京都小石元瑞来遊○一二月、宿疾が起る （入門者六四人）	九月、水野忠邦減封、蟄居
三	一八四六	六五	七月二九日、『遠思楼詩鈔』二編稿成る○一二月一八日、「苓陽語録」二巻成る （入門者八七人）	六月、将軍家慶、朝川善庵を引見す○七月、高島秋帆処罰
四	一八四七	六六	一月九日、「宥座語」を作る○二月二八日、「夜雨寮筆記」成る○五月八日、新塾竣工○八月二一日、『遠思楼詩鈔』続集を編む○九月一四日、麻生伊織没（五六歳）○代官が交替した （入門者八一人）	
嘉永元	一八四八	六七	一月二九日、「万善簿」一万点完了した○五月一四日、新代官池田氏着任○六月六日、官府の講義を一六の日と定めた○一二月二五日、敬怠、義欲両考の法を改める （入門者九四人）	
二	一八四九	六八	一月二二日、範治（青村）を謙吉旭荘の弟とした○四月四日、『遠思楼詩鈔』二編刻成る○五月一一日、新遠思楼落成の賀宴○六月一日、食禁令を塾に下す○七月二一日、『摂西六家詩鈔』到来、六家	二月、朝川善庵没（六九歳）○この年、小石元瑞没（六六歳）

			中の一人に撰ばれる○一〇月一六日、久兵衛南陔幕府より一世帯刀苗字伝家をうける○一〇月二八日、「三新録」を草する決心をする（入門者八三人）	
三	一八五〇	六九	三月二七日、孝之助（林外）月旦評九級に昇進○六月七日、『懐旧楼筆記』五六巻二八冊表装完成す○八月一日、三務の工夫を立てる○同月九日、妹麻生ナチ没（五五歳）○一二月二三日、三禁を立つ（入門者七七人）	安積艮斎徴せられ博士となる
四	一八五一	七〇	一月二八日、孝之助（林外）、武事を習うために府内へ行く○六月二五日、精心摂養、陰善を行うことを誓う○八月一二日、旭荘浪華より帰省○九月一八日、旭荘の浪華へ帰る前に、旭荘を淡窓の弟に復し、孝之助を淡窓の子とす○一二月一日、消権簿制定（入門者八〇人）	二月、水野忠邦没（五九歳）○五月、篠崎小竹没（七一歳）○一一月、坪井信道没（五七歳）
五	一八五二	七一	六月、長門人近藤芳樹来見す○同月一九日、『義府』刻成り百部到着○七月二五日、月旦評林外舎長準都講となる○一一月二五日、「是日通計入門簿合二千六百七十五人、州五十五島二」とある（入門者一〇七人）	六月、帆足万里没（七五歳）
六	一八五三	七二	二月五日、宿疾発し病勢一進一退、困悶を極む○	六月、アメリカ東インド艦隊司令長

			七月六日、『宜園百家詩』続編の編纂成り浪華へ送る○六月八日、養生規約を制し門生に示す○八月二九日、三養法を立つ（入門者六三人）	官ペリー浦賀に来航する○七月、ロシア使節プチャーチン長崎に来航す
安政元	一八五四	七三	一月四日、「論語三言解」成る○一月二二日、池田代官に従い田代に赴き、長崎より帰途の勘定奉行川路聖謨、大目付筒井政憲に面謁す○五月、眼疾大いに進む○閏七月四日、蔵書を検し簿冊を作る○八月二九日、『宜園百家詩』二編三編刻成り浪華より到着○一〇月一〇日、以来宿病発起、一一月初漸くおさまる（入門者六六人）	三月、日米和親条約締結
二	一八五五	七四	一月一二日、弟三右衛門（棣園）没（五八歳）○三月一六日、塾政を青村に伝える○九月二三日、足をふみはずし楼梯より落ち腰を痛めた○一〇月末以来病懶甚しく日暦記されず○一一月二一日、「淡窓小品」を脱稿した○一二月四日、『迂言』刻成り六〇部到来（入門者八七人）	一月、江川坦庵没（五五歳）。幕府洋学所設置○一〇月、江戸大地震（安政大地震）
三	一八五六	七五	病にて講義を全廃した○二月二一日、以後日記記録なし○六月、『淡窓小品』刻成る○九月、林外他をして「老子摘解」を謄写させた○一一月一日没。六日葬儀、門人私に諡して文玄先生といった（入門者九九人）	二月、蕃書取調所改設○八月、アメリカ総領事ハリス下田着任

主要参考文献

一　著作及び史料

日田郡教育会編『増補淡窓全集』上・中・下　大正一四—昭和二年。のち昭和四六年増補復刻　思文閣出版

長　寿吉校訂『淡窓詩話』(岩波文庫)　岩波書店　昭和四三年

岡田武彦校注『約　言』(中村幸彦・岡田武彦編『日本思想大系四七　近世後期儒家思想』所収)　岩波書店　昭和四七年

武谷祐之『南柯一夢』(井上忠校訂『九州文化研究所紀要』一)　昭和三八年

広瀬貞治『秋風庵月化集』　大正一五年

広瀬家蔵『咸宜園日記』五巻
『林外日記』一九巻
『和粛堂会計録』二冊及び諸『会計録』八冊

二　研究著書

宇都宮喜六『淡窓広瀬先生』　甲斐書房　昭和三年

中島市三郎『教聖広瀬淡窓の研究』 第一出版協会 昭和一〇年
小西重直『広瀬淡窓』（日本教育先哲叢書） 文教書院 昭和一八年
古川克己『広瀬淡窓』 日田市立図書館 昭和二五年
顕彰会編『教聖広瀬淡窓と広瀬八賢』 昭和四〇年
古川哲史『広瀬淡窓』 思文閣出版 昭和四七年
井上義巳『日本教育思想史の研究』 勁草書房 昭和五三年
井上義巳『福岡県の教育史』 思文閣出版 昭和五九年

三 研究論文

井上義巳「小倉落城と日田・咸宜園――『林外日記』を中心として――」
（『九州大学教育学部紀要』一五） 九州大学 昭和四五年
井上義巳「咸宜園の財政――塾主の会計記録より見た――」（『日本歴史』二七六号） 吉川弘文館 昭和四六年
井上義巳「咸宜園入門者についての研究」（『青山学院大学文学部紀要』一六） 青山学院大学 昭和四八年
井上義巳「咸宜園をめぐる政治情勢――咸宜園と日田代官府との関係――」
（杉本勲編『九州天領の研究――日田地方を中心として――』所収） 吉川弘文館 昭和五一年

（以上四編は井上前掲『日本教育思想史の研究』に加筆収載）
井上源吾「広瀬淡窓における敬天説の成立」（『長崎大学社会科学論叢』一）　長崎大学　昭和二六年
井上源吾「広瀬淡窓の思想についての諸説批判」（『長崎大学人文科学研究報告』三）　長崎大学　昭和二八年
井上源吾「広瀬淡窓の生涯とその思想」（『東洋文化』復刊一六～二〇、二二～二五）　無窮会文庫　昭和四三～四五年
工藤豊彦「広瀬淡窓の約言について」（『九州中国学会報』二）　昭和二九年
工藤豊彦「広瀬淡窓の老荘学について」（『大分大学学芸学部紀要』四）　大分大学　昭和三〇年
工藤豊彦「広瀬淡窓　析玄の研究」（『九州儒学思想の研究』）　九州大学中国哲学研究室　昭和三二年
高倉芳男「秋風庵月化と五馬紀行について」（『大分県地方史』四二）　昭和四一年
松本三之介「広瀬淡窓の哲学――状況の動態化と思想の対応」（『季刊日本思想史』二）　ぺりかん社　昭和五一年
小島康敬「広瀬淡窓の敬天思想――徂徠を手がかりに」（『季刊日本思想史』一五）　ぺりかん社　昭和五五年
高橋文博「広瀬淡窓の不安――その自己と超越的なるもの――」（『季刊日本思想史』一五）

工藤豊彦「『約言』の思想について」（『季刊日本思想史』一九） ぺりかん社 昭和五五年
関山邦宏「広瀬淡窓の教育思想」（『季刊日本思想史』一九） ぺりかん社 昭和五八年
田中加代「教育理念としての『敬天』——『約言』『約言或問』をめぐって——」
（『季刊日本思想史』一九） ぺりかん社 昭和五八年
藤本雅彦「天命と人情——広瀬淡窓の敬天論をめぐって——」（『季刊日本思想史』一九）
ぺりかん社 昭和五八年
藤原敬子「広瀬淡窓の教育観——『教育』の語を中心に——」（『季刊日本思想史』一九）
ぺりかん社 昭和五八年
古川哲史「『万善簿』と『陰隲録』」（『季刊日本思想史』一九） ぺりかん社 昭和五八年
田村専一郎「秋風庵月化」（藤村博士功績記念会編『近世文化の研究』所収）

中津
別府
15
府内
九重山
佐伯
竹田
阿蘇山
（筑前路）
1 把 木
2 甘 木
3 大宰府
11 深 江
12 前 原
13 今 宿
（筑後路）
5 吉 井
6 田主丸
7 府 中
（肥前路）
4 田 代
8 多 久
9 武 雄
10 嬉 野
（豊前路）
14 香 春
（豊後路）
15 玖 珠

広瀬淡窓生涯旅行図

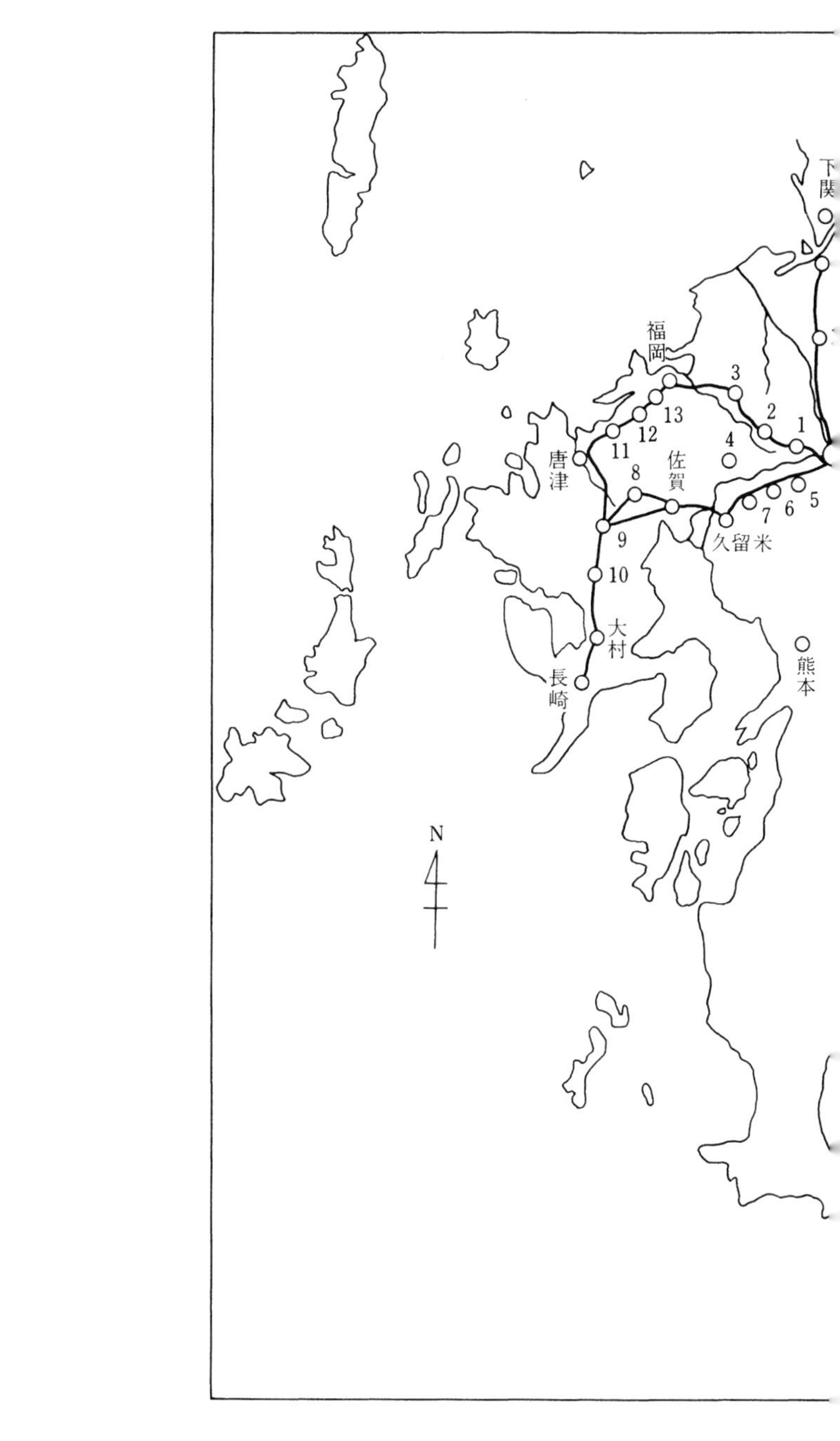
下関
福岡
3
2
1
13
12
11
4
唐津
佐賀
8
7
6
5
9
久留米
10
大村
長崎
熊本
N

著者略歴

大正九年生れ
昭和二十六年九州大学文学部哲学科卒業
九州大学教授、青山学院大学教授、西南女学院院長を歴任
昭和六十一年没

主要著書
日本教育思想史の研究　福岡県の教育史

人物叢書　新装版

広瀬淡窓

昭和六十二年四月　一日　第一版第一刷発行
平成　七　年八月二十日　第一版第三刷発行

著　者　井上義巳（いのうえよしみ）
編集者　日本歴史学会
代表者　児玉幸多
発行者　吉川圭三
発行所　株式会社 吉川弘文館
東京都文京区本郷七丁目二番八号
郵便番号一一三
電話〇三―三八一三―九一五一〈代表〉
振替口座〇〇一〇〇―五―二四四
印刷＝平文社　製本＝ナショナル製本

『人物叢書』(新装版)刊行のことば

人物叢書は、個人が埋没された歴史書が盛行した時代に、「歴史を動かすものは人間である。個人の伝記が明らかにされないで、歴史の叙述は完全であり得ない」という信念のもとに、専門学者に執筆を依頼し、日本歴史学会が編集し、吉川弘文館が刊行した一大伝記集である。

幸いに読書界の支持を得て、百冊刊行の折には菊池寛賞を授けられる栄誉に浴した。

しかし発行以来すでに四半世紀を経過し、長期品切れ本が増加し、読書界の要望にそい得ない状態にもなったので、この際既刊本の体裁を一新して再編成し、定期的に配本できるような方策をとることにした。既刊本は一八四冊であるが、まだ未刊である重要人物の伝記についても鋭意刊行を進める方針であり、その体裁も新形式をとることとした。

こうして刊行当初の精神に思いを致し、人物叢書を蘇らせようとするのが、今回の企図である。大方のご支援を得ることができれば幸せである。

昭和六十年五月

日本歴史学会

代表者　坂本太郎

〈オンデマンド版〉
広瀬淡窓

人物叢書　新装版

2020年（令和2）11月1日　発行

著　者　井上義巳（いのうえよしみ）

編集者　日本歴史学会
代表者　藤田　覚

発行者　吉川道郎

発行所　株式会社　吉川弘文館
〒113-0033　東京都文京区本郷7丁目2番8号
TEL　03-3813-9151〈代表〉
URL　http://www.yoshikawa-k.co.jp/

印刷・製本　大日本印刷株式会社

井上義巳（1920～1986）

ISBN978-4-642-75080-6